욕망의 철학,

내 삶을 다시 채우다

Le désir, une philosophie
by Frédéric Lenoir

© Flammarion, 2022

욕망의 철학,

내 삶을 _____ 다시 채우다

**놓아버릴 것과
내가 진정으로 원하는 것을
일깨우는 철학자들의 통찰**

프레데릭 르누아르 지음 | **전광철** 옮김

COOPERATIVE
착한책가게

"더는 아무것도 욕망하지 않는 자는 불행하다!"

- 장자크 루소

차 례

3부 빛나는 삶을 위한 다르게 욕망하기

"내 욕망 하나하나는
그 욕망의 대상을 헛되이 소유하는 것보다
항상 나를 더 풍요롭게 해주었다."

– 앙드레 지드

17세기 철학자 스피노자는 "욕망은 인간의 본질이다"라고 했습니다. 우리 인간이 무한한 욕망을 지닌 존재라고 생각하며 한 얘기로 볼 수 있습니다. 그런데 사실 욕망은 우리 존재의 원동력입니다. 욕망 없는 삶이 무슨 가치가 있을까요? 우리를 행동하도록 부추기고 온전히 살아있다고 느끼게 하는 것이 바로 다양하고 강렬한 인간의 욕망인데 말입니다. 이 욕망이 부재하면서 우울이 현대의 증상으로 뿌리내렸는데 이는 우리의 생명력이 약화되었음을 보여줍니다. 하지만 동시에 욕망은 우리를 파괴적이거나 허무맹랑한 열정, 끝없는 불만, 시기와 욕심에서 비롯한 증오나 좌절로 이끌기도 합니다. 심지어는 우리 내면의 자유를 앗아가는 온갖 종류의 중독으로 이끌 수도 있지요.

루이스 부뉴엘이 감독한 마지막 영화 제목이 "욕망의 모호한 대상Ese oscuro objeto del deseo"인 것은 매우 흥미롭습니다. 욕망이라는 다채롭고 복잡한 개념은 우리의 이해력을 벗어나는 경향이 있기 때문에 "욕망, 그 모호한 주제"라고 말할 수도 있겠네요.

욕망과 욕구는 어떻게 다를까요? 욕망의 본질은 무엇일까요? 어떤 욕망이 좋은 것인지 아닌지 어떻게 알 수 있을까요? 어떻게 더는 다른 사람들의 욕망을 흉내 내지 않고 가장 자기다운 욕망을 가질 수 있을까요? 어떻게 끝없는 불만을 떨쳐내고 욕망을 온전히 표현하면서 마음에서 우러나오는 기쁨을 느낄 수 있을까요?

이 책은 철학적 관점에서 욕망이란 개념을 조명합니다. 그러는 가운데 우리의 몸과 마음과 정신을 움직이는 강력한 힘인 욕망에 대해 살펴보며 삶에 유익한 교훈을 이끌어내는 것을 목적으로 삼습니다. 욕망은 우리를 좋은 쪽으로든 나쁜 쪽으로든 몰고 갈 수 있습니다. 우리의 행복 대부분이 욕망의 충족에서 비롯된다면, 반대로 불행의 대부분은 그렇지 못하는 데에서 오는 거니까요! 그렇다면 우리는 어떻게 최악을 피하면서 최선으로 향할 수 있을까요? 또 어떻게 욕망하는 법이나 욕망을 향해 적절하게 나아가는 법을 배울 수 있을까요?

소외의 욕망, 해방의 욕망

최신 과학 연구들은 우리의 원초적 뇌 부위인 선조체*가 음식, 성, 사회적 인정, 정보에 대한 우리의 근본적인 욕망을 자극한다는 점을 밝혀냈습니다. 연구들은 또한 즐거움을 담당하는 신경전달물질인 도파민을 통해 보상받으려는 욕망을 끝없이 추구한다는 사실도 보여주었습니다. 인간은 선조체에 강한 영향을 받습니다. 그런 까닭에 인간은 이 원초적 욕망의 충족에서 오는 즐거움을 좇고 싶은 무한한 갈증에 사로잡히게 됩니다.

인류학자 르네 지라르도 인간의 욕망에 대해 연구했습니다. 그는 욕망이 본질적으로 모방적이라고 보았습니다. 그래서 우리는 다른 사람들이 욕망하는 것을 욕망하며, 사회적 비교가 우리 동기의 중심에 자리한다는 점을 보여주었습니다. 이러한 연구들은 고대 동양과 서양의 뛰어난 철학자들이 관찰하고 사유한 결과와 정확하게 일치합니다. 즉 욕망은 우리 삶에서 필수적인 역할을 하며, 우리의 행복과 불행은 모두 욕망을 어떻게 다스리느냐에 달려 있다는 것이지요. 그렇기에 인간은 자신의 욕망을 조절하는 법을 배워야 합니다. 이것이 바로 교육과 문명의 기초입니다.

---

* 신경세포가 모여 대뇌 기저핵의 일부를 이룬 부분-옮긴이

많은 이들이 밝혀낸 이토록 한결같은 결과에서 욕망을 규제하는 몇 가지 길이 자취를 드러냅니다. 하나는 매우 오랫동안 인간 사회를 지배해왔으며 지금도 강한 영향력을 행사하고 있는 종교 규범입니다. 또 하나는 욕망에 질서를 부여하고 그 분출을 제한하고 때로는 억압하기 위해 이성과 도리에 호소하는 그리스 철학과 동양의 지혜입니다. 마지막은 우리 존재의 진정한 원동력으로 여겨지는 인간의 욕망하는 힘을 감소시키려 하지 말고 오히려 욕망이 바람직한 방향으로 나아가도록 이끌자고 스피노자가 제안한 길입니다. 그에 따르면 욕망은 더 이상 결함이나 문제가 아니라 올바른 방향으로 나아가는 힘입니다. 그러므로 우리는 욕망을 축소하거나 제거해서는 안 됩니다. 오히려 그것에 빛을 비추고 관심을 기울임으로써 요동치는 "감정의 예속"에서 내적 자유의 힘으로 옮겨가야 합니다.

　　저는 이 마지막 길이 가장 적절하면서도 우리 시대의 요구에 가장 잘 들어맞는 방식이라고 생각합니다. 사람들은 지난 3년 동안 팬데믹으로 지치고, 기후변화와 우크라이나 전쟁, 구매력 감소 때문에 불안해하고 있습니다. 또한 많은 사람들이 정치에 환멸을 느끼고 모든 제도를 불신하는 가운데 도덕적, 심리적으로 상처받으며 위축감을 느끼고 있습니다. 그 결과 철학자 베르그송이 "생의 약동"*이라고 불렀던 것이 약해지고 직업과 사랑, 성, 지성 등 삶의 모든 영역에 영향을 미치는 욕망의 힘이 줄어들게 됩니다. 그러면 활력과 삶의 즐거움이 사그라들고 기쁨보다는 슬픔이 더 많이 찾아오게 되지요.

이런 상황에 문제의식을 느끼면서 소비주의와 사회적 인정이 아닌 다른 가치를 향해 삶의 방향을 바꾸려는 사람들이 생겨나기도 합니다. 자기 자신에게 더 많은 의미를 부여하고 더 검소한 삶을 살고자 하는 것이지요. 많은 청년들 역시 우리 사회의 지배적인 규범에서 벗어나야겠다고 마음을 먹습니다. 그규범이 자신들이 지닌 깊은 욕망에, 특히 직업과 성의 영역에서 부합하지 않기에 이제는 소유와 성과보다는 존재와 삶의 질에 더 초점을 맞추려고 하는 것입니다.

이러한 일들은 삶의 위기를 맞이했을 때 흔히 나타나는 것이며 그다지 새로운 것도 아닙니다. 그런데 역설적이게도 생의 약동과 욕망의 고갈은 또한 가장 물질적인 욕망이 고조되는 형태로 표출되기도 합니다. 삶의 위기 때문에 겪는 우울함을 보상하려는 욕구라고 말할 수 있습니다. 우리는 자신에게 작은 쾌락을 주기 위해 소비합니다.

이러한 소비주의는 강박적 구매, 섹스와 게임과 소셜 네트워

---

* élan vital. 생명이 물질의 장벽을 넘어 자유로 향하면서 창조적 진화를 이루는 것. 생의 도약, 생의 비약, 엘랑 비탈이라고 번역하기도 한다.-옮긴이

크 중독, 사회적 인정에 대한 욕구 등 다양한 형태로 나타날 수 있습니다. 소비주의에 빠지면 우리의 깊은 욕망과 큰 기쁨은 사소한 욕구와 헛된 쾌락으로 변질됩니다. 그리고 때때로 이러한 욕구와 쾌락의 노예가 되어 우리의 가장 깊은 갈증을 채우지 못하게 됩니다. 그렇기에 우리는 저마다 자기만의 욕망을 일깨울 수 있어야 합니다. 그 욕망이 자신을 성장시키고, 삶에 의미를 부여하며, 우리의 고유한 본성에 따라 자신을 최대한 펼쳐나갈 수 있는 대상으로 향하게 해야 합니다. 그럴 때에만 진정한 자유와 기쁨을 되찾을 수 있다고 저는 확신합니다.

욕망의 세계는 광활하고 복잡합니다. 그래서 먼저 욕망을 정의하고 그 본질이 무엇인지 질문하는 것에서 이야기를 시작해 보려고 합니다.

욕망이란 무엇인가?

고대 철학자들은 욕망을 한편으로는 "선善을 목표로 하는 것", 즉 우리에게 좋다고 인식되는 것을 추구하는 것으로 정의하는 데 의견을 모았습니다. 고대 로마의 철학자이자 정치가였던 키케로는 "사람들은 선이라고 생각되는 것에 매혹되고 정열을 느끼며, 욕망은 그것으로 향한다."[1]고 했습니다. 다른 한편으로 고대 철학자들은 욕망을 우리가 좋다고 느끼는 것에 더 가까이 다가가려고 노력하게 만드는 마음의 움직임, 즉 (넓은 의미의) "욕구"로 파악합니다. 반면에 염증은 우리가 나쁘다고 느끼는 것에서 멀어지도록 우리를 이끄는 감정을 말합니다.

욕망을 본능이나 생리적 욕구와 혼동하는 경우도 종종 볼 수 있습니다. 하지만 인간의 욕망은 상상적인 면과 의식적인 면을 모두 갖고 있어 훨씬 더 복잡합니다. 자신에게 영양을 공급해야 할 필요성(배고픔)을 느끼는 것과 아늑한 분위기에서 몇몇 좋은 친구들과 함께했던 행복한 추억을 떠오르게 하는 특정 요리를 먹고 싶다는 욕구는 같은 것이 아닙니다.

이러한 점은 성적 욕망에서도 살펴볼 수 있습니다. 성적 욕망은 종의 생존 본능이나 단순한 생리적 욕구의 만족으로 환원될 수 없습니다. 정신분석학은 욕망이 어떤 대상에 고정되기 전에 복잡하고 창의적인 역동성(감정, 환상, 투사, 전이 등)에 사로잡혀 있음을 매우 잘 보여주었습니다. 프랑스 철학자이자 시인인 가스통 바슐라르는 "인간은 (생리적) 욕구의 창조물이 아니라 욕망의 창조물이다."[2]라고 썼습니다.

인간이 욕망하는 대상은 굉장히 다양한데, 이 대상을 몇 가지 주요 범주로 나눠볼 수 있습니다. 플라톤은 감각적 선의 추구와 합리적 선의 추구를 구별합니다. 전자는 육체적 쾌락을, 후자는 정신적 만족을 가져다줍니다. 아리스토텔레스는 추구하는 선이 실제일 수도 환상일 수도 있다는 점을 강조하며 이렇게 말했습니다. "마음을 움직이는 것은 언제나 욕망의 대상이지만, 이 대상은 선일 수도 있고 선의 허울일 수도 있다."[3] 스피노자는 욕망의 의식적 성격을 강조합니다. 그래서 욕망을 "자기의식을 지닌 욕구"[4]로 정의합니다. 이 오랜 철학적 전통을 통해 욕망이란 실제이든 아니면 허울뿐이든 좋은 것을 향해 우리를 감각적으로나 지성적으로 움직이게 하는 욕구에 대한 의식이라고 정의할 수 있겠습니다.

이로부터 다음과 같은 커다란 물음들이 따라옵니다.

"무엇이 욕망을 불러일으키는가?"

"인간 욕망의 심오한 본성은 무엇인가?"

'욕망désir'이라는 단어는 '바라다, 갈구하다'라는 뜻을 지닌 라틴어 데시데라레desiderare에서 유래했습니다. 그리고 desiderare는 천체나 별자리를 일컫는 시두스sidus, 시데리스sideris에서 나왔습니다. 그런데 이 어원에 대해서는 근본적으로 반대되는 두 가지 해석이 있습니다. Desiderare는 "별을 바라보는 것을 멈추다"라는 뜻으로 해석할 수 있는데, 이는 결핍, '방향감각의 상실'이라는 개념과 연결됩니다. 별을 바라보는 것을 멈춘 선원은 바다에서 길을 잃을 수 있고, 더 이상 천상의 것을 생각하지 않는 인간은 지상의 것이 주는 매력에 빠져 타락할 수 있으니까요.

반대로, 우리는 Desiderare를 경악스러운^{siderare} 사실로부터 우리를 해방시키는 것으로 이해할 수 있습니다.[*] 왜냐하면 sideratio는 전통적으로 로마인에게 별이 가하는 치명적인 작용을 겪는다는 뜻으로 이해되었기 때문입니다. 프랑스에서 큰 충격이나 시련을 겪은 후에 "기절초풍했다^{sidéré}"고 말하는 것도 로마인의 이런 용법과 관련이 있습니다. 이럴 때 우리는 몸이 마비된 듯 움직일 수 없는 상황이 됩니다. 하지만 얼마간 시간이 지나면 다시 움직이게 되는데, 그렇게 만드는 것이 바로 욕망^{désir}입니다. 따라서 욕망은 행동의 원동력, 무엇인가에 깜짝 놀란 우리를 자유롭게 해주는 생명력으로 볼 수 있습니다.

흥미로운 점은 서양 철학의 전통 전반에서 이러한 이중적 의미를 발견할 수 있다는 것입니다. 한편으로 욕망은 결핍으로 인식되는데, 이때는 주로 욕망의 부정적인 성격을 강조합니다. 다른 한편으로 욕망은 우리 존재가 지닌 힘이자 원동력으로 여겨집니다. 대부분의 고대 철학자들은 욕망을 결핍의 관점에서 인식하며 문젯거리로 여겼습니다. 욕망이란 바라던 것이 충족되어 만족하더라도 곧이어 같은 형태로든 아니면 다른 대상에 대해서든 다시 고개를 내밀며 우리를 끝없는 불만족에 빠뜨린다는 이야기지요.

---

[*] 라틴어에서 접두사 de-는 분리, 이탈, 제거, 부정과 같은 뜻을 지니기에 이 접두사를 뺀 단어는 반대의 의미를 갖게 된다.-옮긴이

이렇게 완전히 만족할 줄 모르는 인간 욕망의 차원을 결핍의 형태로 가장 잘 이론화한 사람은 플라톤이었습니다. 그는 이렇게 말했습니다. "우리가 갖지 못한 것, 우리가 아닌 것, 우리에게 부족한 것, 그것이 바로 욕망과 사랑의 대상이다."[5] 아리스토텔레스는 이렇게 욕망과 결핍을 동일시하는 것에 이의를 제기했습니다. 그러면서 우리가 지닌 독특한 힘에 주목하며 "운동의 근원은 단 하나, 욕망하는 힘이다."[6]라고 말합니다. 17세기에 스피노자는 이런 생각을 받아들여 자신의 윤리철학의 핵심으로 삼았습니다. 욕망은 우리의 모든 에너지를 끌어 모으는 생명력이며, 이성으로 잘만 이끈다면 욕망만이 우리를 기쁨과 최상의 행복(지복)으로 나아가게 할 수 있다는 것입니다.

불만과 불행을 가져오고 제한이나 근절과 맞닿아 있는 결핍으로서의 욕망… 또는 충만과 행복으로 이어지며 배양과 맞닿아 있는 힘으로서의 욕망. 어느 쪽이 옳을까요? 사실, 우리 자신과 인간의 본성을 주의 깊게 살펴보면 두 이론 모두 타당성이 있고 서로 배타적이지 않음을 알 수 있습니다. 우리는 살면서 결핍으로서의 욕망과 힘으로서의 욕망을 모두 경험합니다. 우리가 끝없는 불만, 사회적 비교, 시기, 욕심, 애욕에 사로잡혀 있을 때 우리는 플라톤에게 손을 들어줍니다. 그러나 창조하고, 성장하고, 발전하고, 사랑하는 기쁨에 이끌릴 때, 그리고 우리의 재능을 꽃 피우고, 활동에서 성취를 맛보고, 새롭게 알아가는 기쁨에 이끌릴 때, 우리는 스피노자에게 동의하게 됩니다.

하지만 상황은 이보다 좀 더 복잡합니다. 왜냐하면 플라톤의 경우에서 볼 수 있듯이 결핍으로서의 욕망은 신성한 아름다움과의 합일로 이어지는 영적 추구의 원동력이 될 수 있고, 반대로 힘으로서의 욕망은 우리를 과잉과 그리스인들이 성토했던 일종의 오만으로 이끌 수 있기 때문입니다.

이 책의 1부에서 우리는 철학적 차원뿐만 아니라 생물학적, 인류학적, 사회학적 차원을 통해 결핍으로서의 욕망에 대한 플라톤의 입장을 검토할 것입니다. 특히 원초적 뇌, 즉 선조체가 어떻게 우리를 무한히 욕망하도록 밀어붙이는지, 광고와 소셜 네트워크가 우리를 더 많이 욕망하고 소비하도록 하기 위해 어떻게 이러한 충동을 활용하는지 살펴볼 것입니다. 또 르네 지라르와 함께 타인이 원하는 것을 욕망하게 만드는 모방욕망의 힘을 살펴보고, 불행과 폭력으로 이어지는 탐욕과 질투의 메커니즘을 분석할 것입니다. 나아가 프로이트와 생물학의 도움을 받아 성적 욕망의 복잡성에 대해서도 파헤쳐 볼 것입니다.

2부에서는 인간이 욕망의 함정과 환상에 빠지지 않도록 하기 위해, 다양한 철학적, 종교적 흐름이 외적 규범(종교법), 이성과 절제(아리스토텔레스와 에피쿠로스), 의지나 초연함(스토아주의와 불교)을 통해 욕망을 규제하려고 노력해온 방식을 살펴볼 것입니다. 또 고대에서 영감을 얻은 성적 금욕, 단식, 나눔, 간소한 생활방식 추구 등 욕망을 조절하는 현대의 방식을 검토할 것입니다.

　마지막 3부에서는 욕망을 힘으로 보는 스피노자의 철학 개념을 살펴본 후에 우리 존재를 깊고 지속적인 즐거움으로 이끄는 긍정적인 감정에 기초하여 욕망의 방향을 바꿀 수 있는 방법을 찾아볼 것입니다. 또 니체, 융, 베르그송과 함께 우리의 욕망하는 힘을 키우고 특히 창의성을 통해 생의 약동을 불어넣는 방법을 알아볼 것입니다. 덧붙여 사랑의 욕망, 즉 에로스, 필리아, 아가페의 세 가지 차원을 고려하면서 애욕이 불러오는 애정 결핍의 마음을 극복하고, 진실함과 기쁨으로 충만한 사랑에 이르는 길을 탐색해볼 것입니다. 그리고 욕망과 선물로서의 사랑을 요체로서 전하려 했던 예수와 같은 위대한 영적 지도자의 메시지를 되짚어보며, 현재를 살아가는 많은 사람들이 자신의 욕망을 바꾸고 삶을 변화시키도록 이끄는 이치에 대해 생각해볼 것입니다. 그러한 이치에 따를 때 우리는 우리 자신, 다른 존재, 그리고 지구에 더 많은 관심을 쏟을 수 있게 될 것입니다.

1부

만조할 줄 모르는 인간의 욕망

1

플라톤과 결핍으로서의 욕망

> "인생에는 두 가지 비극이 있다.
> 하나는 절실히 바라는 것을 얻지 못하는 것이다.
> 다른 하나는 그것을 얻는 것이다."
> – 조지 버나드 쇼

《고르기아스》(아카넷, 2021)에서 플라톤은 욕망을 다나오스의 딸들이 밑 빠진 독에 물을 채우는 벌을 받았던 그리스 신화의 한 장면에 비유합니다. 인간은 이렇듯 자신이 갖지 못한 것을 끊임없이 원하며 만족하지 못하는데 어떻게 행복해질 수 있을까요? 플라톤은 가장 널리 알려진 저작인 《향연》(현대지성, 2019)에서 이 문제를 깊이 탐구했습니다. 다른 많은 저작들과 마찬가지로 플라톤은 소크라테스의 입을 빌려 자신의 생각을 밝힙니다.

하루는 소크라테스가 다른 친구들과 함께 연회에 초대되었습니다. 친구들 가운데 한 사람이 비극 경연에서 우승한 것을 축하하는 자리였지요. 이 친구들은 음식을 먹는 기쁨에 대화의 흥까지 곁들이기 위해 사랑이라는 주제를 놓고 이야기를 나눴습니다. 저마다 사랑이 무엇인지 논하며 칭송하길 마다하지 않았습니다. 그러다가 사랑에 대한 두 가지 철학적 견해로 화제가 모아졌습니다. 소크라테스와 아리스토파네스의 견해로 말이죠. 여기서 잠깐 주제의 핵심에서 조금 벗어나는 감이 들긴 하지만 아리스토파네스에 대해 이야기해야겠군요. 영혼의 동반자라는 '소울메이트' 신화를 탄생시켜 서양인의 마음에 아로새긴 장본인이기 때문입니다.

소 울 메 이 트 신 화

아리스토파네스는 모든 인간은 원래 두 사람이 한 몸을 이루고 있었다고 말합니다. 이들 가운데 어떤 이들은 두 남성이 한 몸이고, 또 어떤 이들은 두 여성이 한 몸이었는데 여기에 여성과 남성이 한 몸인 이들도 있었다고 합니다(그 유명한 남녀 양성인간). 그런데 이들이 하늘로 올라가려 하면서 신들을 위협했고 이에 제우스는 그 몸을 둘로 나누는 벌을 주었습니다. 그러면 이들의 힘이 약해져서 덜 위험해지니까요. 이때부터 인간은 잃어버린 나머지 반쪽을 그리워하며 서로를 갈구하게 되었습니다. 그래서 어떤 이들은 같은 성의 사람을 찾는가 하면 양성인간이었던 이들은 반대쪽 성의 사람을 찾게 되었습니다. 아리스토파네스는 이렇게 결론짓습니다.

"서로를 향한 사람들의 타고난 사랑이 시작된 것은 바로 이때부터다. 사랑은 옛 본성을 되돌리기 위해 두 존재를 하나로 합침으로써 인간의 본성을 회복하려고 애쓴다. 사람들은 자신의 반쪽을 찾아 나선다."[7]

이 신화는 오랜 세월을 걸쳐 전해 내려오며 행복과 정열적인 사랑에 열광하는 다양한 문화 사조에 영향을 미쳤습니다. 이러한 사조들로는 19세기 낭만주의와 '쌍둥이 불꽃' 관념을 도입한 최근의 뉴에이지 사조*를 꼽을 수 있습니다. 쌍둥이 불꽃은 뉴에이지 사조의 아바타입니다.

이 신화는 욕망을 '결핍'으로서 떠올리게 합니다. 의식적으로든 무의식적으로든 우리가 잃어버린 반쪽을 찾으려고 욕망한다고 말하기 때문입니다. 이러한 근원적 분리는 애욕과 같은 원초적 결핍을 불러옵니다. 그러나 오래 전에 둘로 나뉘었던 존재가 하나로 합쳐진다면, 결핍은 확실하게 채워질 것이라고 말하는 것이기도 합니다. 하나였던 두 존재가 만남을 통해 잃었던 통일성을 회복함으로써 말이죠.

"그들이 상냥함, 믿음, 사랑의 감정에 흠뻑 빠지는 놀라운 일이

---

* 아리스토파네스에서 유래하여 영혼의 단짝을 의미하는 쌍둥이 불꽃 개념이 영혼의 유대를 중시하는 뉴에이지 사조에 적극 수용되었다.—옮긴이

벌어진다. 그리고 더는 한시라도 서로 떨어지고 싶지 않게 된
다."[8]

이 신화는 사랑의 열정이 불러오는 환상을 놀라운 방식으로
키웁니다. 즉, 내 운명의 존재가 세상 어딘가에 있고 그 존재와
내가 하나가 되어 영원히 완전한 행복을 누릴 수 있다는 것이
지요. 그리고 그 존재와 함께하면서 내 실존적 고독감과 지금
까지 나를 사로잡으며 슬픔에 잠기게 했던 결핍의 감정이 영원
히 사라지게 된다는 것이기도 하고요.

저는 이 하나 되는 사랑의 신화를 전혀 믿지 않습니다. 이 신
화는 엄마와 일체를 이루던 태아 시절에 대한 향수를 표현했을
가능성이 매우 높습니다. 그러나 이 신화가 숱한 예술가들에게
영감을 준 것은 틀림없으며 수많은 인간들의 마음속에 알게 모
르게 자리 잡으며 그 생명을 이어왔습니다.

소크라테스의 에로스

소크라테스도 욕망을 결핍과 연결하여 이야기하지만 그 방
식은 완전히 다릅니다. 여성 혐오에 빠져 있던 고대 그리스 철
학자들 세계에서는 매우 드물게도, 소크라테스는 사랑에 대해
어느 여성에게 가르침을 받았다고 고백합니다. 그 여성은 바로

디오티마입니다. 이 여성을 통해 깨달음을 얻기 전에 소크라테스는 사랑(에로스)을 욕망과 비슷한 것으로 보았고 또한 사랑과 욕망은 결핍과 비슷한 것으로 보았습니다. "우리가 갖지 못한 것, 우리가 아닌 것, 우리에게 부족한 것, 그것이 바로 욕망과 사랑의 대상이다."[9]

이런 생각대로라면 우리에게 결핍된 것을 사랑하고 욕망하는 것을 우리는 멈추지 않을 것입니다. 하지만 욕망하는 물건이나 존재를 소유하는 순간 우리의 욕망과 사랑은 무뎌집니다. 애정생활의 관점에서 이러한 모습은 열정에 대한 전형적인 묘사입니다. 상대방을 기다리고 알아가는 동안에는 간절하고 집착하고 열정적입니다. 그러나 관계가 맺어지고 시간이 지남에 따라 열정은 점차 사그라듭니다. 욕망이 다른 사람에게 향할 때라야 사랑은 다시 깨어날 것입니다.

하지만 그 사랑도 마찬가지지요. 무엇인가를 욕망하지만 그것을 소유하게 되면 곧 싫증이 나고 내 욕망은 새로운 대상을 향합니다. 아주 어린 나이의 아이들에게서 이런 모습을 볼 수 있습니다. 어린아이들은 장난감을 몹시도 갖고 싶어 하지만 곧 잘 빠르게 싫증을 내고, 자신이 아직 갖지 못한 다른 장난감을 욕망하면서 사랑하게 됩니다.

불가능한 행복

"욕망이 결핍되면, 행복도 결핍된다."[10] 내 친구 앙드레 꽁 뜨-스퐁빌이 이렇게 멋진 말을 했습니다. 그런데 이 말은 플라 톤의 먼 제자인 쇼펜하우어가 했던 가혹한 말을 떠오르게 합니 다. 쇼펜하우어는 이렇게 말했습니다. "우리 삶은 고통과 권태 사이에서 진자처럼 흔들린다."[11]

나는 갖지 못한 것을 욕망할 땐 고통스럽지만, 일단 욕망했 던 것을 가지고 나면 싫증이 납니다! 나는 일자리를 잃으면 고 통스럽지만, 일하는 건 지겹습니다. 나는 혼자가 되면 고통스 럽지만, 함께 살기는 성가십니다. … 아일랜드 작가 버나드 쇼 는 이런 상황에 대해 유머러스하게 말하기도 했지요. "인생에 는 두 가지 비극이 있다. 하나는 절실히 바라는 것을 얻지 못하 는 것이다. 다른 하나는 그것을 얻는 것이다!"[12]

위대한 계몽주의 철학자 칸트 역시 행복을 모든 욕망의 만 족과 동일시했습니다. "행복은 이성적 인간 세계의 상태이다. 그 상태에서 인간은 평생 동안 모든 것이 자기의 바람과 뜻대 로 이루어진다."[13] 이것이 바로 칸트가 "행복은 이성이 바라는 이상이 아니라 상상력이 바라는 이상이다."[14]라고 말한 이유 입니다.

물론 인간은 자신의 모든 욕망을 충족할 수 없습니다. 욕망이란 너무도 다양하고 강렬하기 때문입니다. 혹 그 바람을 이룬다 해도 그 상태는 오래 가지 못합니다. 그래서 칸트는 상상 속의 이상을 말했던 것입니다. 행복과 결핍으로서의 욕망을 동일시하는 경우라면 저도 이런 관점에 동의합니다. 하지만 우리는 아리스토텔레스와 스피노자를 통해 더 멀리 바라볼 수 있습니다. 욕망과 행복을 완전히 다른 방식으로 생각함으로써 칸트 철학의 논거를 무너뜨릴 수 있습니다.

욕망과 사랑의 상승 사다리

플라톤은 쇼펜하우어보다 덜 비관적이긴 했지만, 인간을 항상 불만에 사로잡힌 채 결핍으로서의 욕망을 지닌 존재로 보았습니다. 그리고 이 욕망에 작용하는 끔찍한 변증법에 관해 두 가지 논쟁거리를 제안했습니다. 우선, 플라톤은 우리의 영원한 소유욕을 자극하는 에로스에 대해 설명합니다. 우리는 어떤 물건이나 존재를 일시적으로가 아니라 지속적으로 향유하길 원합니다. 그런데 우리는 신체의 제약 때문에 영원히 살 수 없습니다. 현세에서 불멸을 얻는 방법에는 두 가지가 있는데, 바로 번식과 예술적 창조입니다. 부모는 자식을 낳아 기르며 불멸을 얻고, 예술가는 작품을 남겨 불멸을 얻습니다.

두 번째 논쟁거리는 '이데아'라는 플라톤 철학의 핵심을 관

통합니다. 앞서 소크라테스가 디오티마에게 얻은 통찰에 대해 소개했는데요, 그 내용인즉슨 욕망으로서의 사랑을 가리키는 에로스는 일종의 다이몬daimon*이라는 것입니다. 이 다이몬이 신과 인간 사이에서 메시지를 전하는 것이고요. 다이몬은 상승의 사다리처럼 우리를 물질적인 것들의 아름다움에서 가장 고양되고 가장 유쾌한 것들의 아름다움으로 인도합니다. 그 덕분에 우리는 아름다움 그 자체를 관조할 수 있게 됩니다.

> "진정한 사랑의 길, 그것은 자기 자신을 희생하거나 사랑에 자신을 내맡기는 것이다. 그것은 감각적인 아름다움들에서 시작하여 이 초자연적인 아름다움을 향해 끊임없이 오르는 것이다. 이러한 상승은 하나의 아름다운 몸에서 두 개의 몸으로, 두 개의 몸에서 모든 몸으로, 그 다음에는 아름다운 몸에서 아름다운 행동으로, 아름다운 행동에서 아름다운 과학들로 점차 나아가게 된다. 그리하여 과학들에서 다름 아닌 절대적인 아름다움의 과학으로, 그리고 아름다움 그 자체에 대한 앎에 이르게 된다."[15]

이렇듯 인간은 욕망으로서의 사랑에서 점점 더 고귀하고 비

---

* 고대 그리스 신화와 문화에 등장하는 신과 인간의 중간에 위치하는 영혼이나 죽은 영웅의 영혼 등을 가리킨다.-옮긴이

물질적인 것들로 향하는 법을 배우게 됩니다. 이렇게 상승한 끝에 지고의 충만함과 완전한 행복의 상태에 도달하게 됩니다. 이에 대해 디오티마는 이렇게 설명했습니다.

"소크라테스여, 인생이 살 만한 가치가 있다면 그건 바로 아름다움을 관조하는 순간 때문이라오. […] 불순물이 섞이지 않은 단순하고 순수한 아름다움 그 자체를 볼 수 있고, 살과 피부색, 그리고 이내 소멸하고야 말 수백 가지 불필요한 것들로 가득 찬 아름다움 대신에 고유한 형태의 신성한 아름다움 자체를 관조할 수 있다면 인간이 얼마나 행복할지 생각해보시오."[16]

신성한 아름다움을 관조하는 것으로 이끄는 부단한 영적 고양 없이도 인간은 행복할 수 있습니다. 하지만 그렇기 때문에 플라톤은 욕망이 근본적 결핍에서 비롯한다고 보았습니다. 그에게 욕망이란 신성하고 충만한 세상에 대한 향수를 표현하는 것이기 때문이지요. 우리는 이 지점에서 플라톤 철학의 중심 개념을 발견할 수 있습니다. 우리는 육체화됨으로써 신성함의 근원에서 분리되었고 향수에 젖은 영혼은 신성과 다시 연결되기를 끊임없이 원합니다.

아리스토파네스가 설파한 욕망의 개념은 두 부분으로 나뉜 원래의 우리 존재를 회복하기 위해 결합을 추구하는 것인데,

이는 플라톤에게서 다른 형태로 나타납니다. 즉, 현세에서 우리와 분리된 신성을 추구하는 것으로서 욕망을 바라보는 것이지요. 아리스토파네스에게 욕망으로서의 사랑은 잃어버린 우리의 반쪽을 되찾아 그 반쪽과 융합되도록 이끄는 것입니다. 반면에 플라톤에게 욕망으로서의 사랑은 신성(아름다움, 진실, 선 그 자체)을 찾아 그것과 융합되도록 밀어붙이는 것입니다.

"플라토닉 러브"라는 개념에 영감을 준 것이 바로 이 이론입니다. 하지만 이 개념은 잘못 이해되고 있죠. 실제로 많은 사람들이 이 개념을 육체적 관계가 없는 사랑으로 이해합니다. 플라톤이 말한 것은 그게 아닙니다. 플라톤은 욕망으로서의 사랑이 점차 상승한다는 생각을 표현한 것입니다. 달리 말하자면, 성적 욕망을 부정하거나 기피하지 않습니다. 처음에는 성적 욕망이 표출되다가 그것을 넘어서게 되고 두 연인이 가장 고귀한 것들에 대한 욕망으로서의 사랑을 향해 나아가게 됩니다. 그래서 마침내 아름다움 그 자체를 관조하는 것에 이르게 되는 거죠. 이는 분명 매우 어려운 과정이어서 극히 소수의 사람들만이 경험하는 것입니다. 그렇더라도 이 과정은 여전히 우리가 추구해야 할 것으로 남아 있습니다. 행복을 가로막는 결핍으로서의 욕망이라는 지옥 같은 덫에서 벗어날 수 있는 방법이니까요.

결핍으로서의 욕망에 대한 플라톤의 분석이 지닌 타당성을 우리는 일상에서 경험하고 있습니다. 결핍을 느꼈다가 포만감을 느꼈다가 다시 결핍을 느껴보지 않은 사람이 있을까요? 자신이 가진 것에 싫증을 느끼지 않고 갖지 못한 것을 갈망하지 않는 사람이 있을까요? 부부의 일상생활에서 사랑의 열정으로 욕망이 불타오르다가 그것이 사그라드는 것을 경험하지 않는 사람이 있을까요?

이 책의 3부에서 살펴보겠지만, 우리가 지속적으로 행복해하면서 이미 가진 것을 사랑하고 갈망하는 것이 완전히 불가능하지만은 않습니다. 하지만 그렇더라도 플라톤의 분석은 보편적 경험에 근거한 것이라 할 수 있습니다. 바로 만족할 줄 모르는 인간 욕망의 특징이기도 하고요. 우리는 항상 다른 것, 더 많고 더 좋은 것을 원하고 욕망합니다. 신경과학이 최근 밝혀낸 것들을 보면 이러한 사실을 확인할 수 있을 뿐 아니라 흥미로운 설명을 접할 수 있습니다.

2

욕망이라는 이름의 뇌

"우리의 뇌는 욕구가 충족되더라도
항상 더 많은 것을 요구하도록 구성되어 있다."
― 세바스티앙 볼레

폴리테크니션이자 신경과학 연구자인 세바스티앙 볼레는 자신의 저서 《인간 버그 *Le Bug humain*》에서 인간의 뇌가 욕망과 쾌락에 어떻게 연결되는지에 관한 놀라운 과학 연구 결과를 소개하고 있습니다. 우리는 최근 수십 년 동안 이루어진 뇌 영상 기술의 발전 덕분에 우리 뇌(또한 쥐와 영장류 같은 포유동물의 뇌)에서 어떤 일이 벌어지고 있는지 관찰할 수 있었습니다. 우리가 욕망할 때, 또 욕망하는 것을 얻었을 때나 그러지 못해 실망할 때를 포함해서 말이죠. 천억 개가 넘는 뉴런과 약 천조 개에 달하는 시냅스로 연결되어 이루어진 우리 뇌는 놀랄 만큼 복잡합니다.

오랜 진화의 산물인 뇌는 인간이 환경 변화에 적응할 수 있도록 지속해서 성장하고 개선되어 왔습니다. 다른 동물에 대한 인간의 지배를 확고히 하는 데 가장 크게 기여했던 뇌 부위는 피질입니다. 뇌의 이 바깥 영역은 다른 종들과 비교할 때 엄청나게 큽니다. 인간이 도구를 제작하고 점점 더 정교한 기술을 발전시킨 것도 이 피질 덕분입니다. 복잡한 사회 조직을 만들고 미래를 예측하고 높은 수준의 언어생활을 향유하게 된 것도 마찬가지입니다. 인간이 다른 많은 종보다 취약했음에도 대뇌피질이라는 중요한 조직 덕분에 지구의 지배자가 될 수 있었죠.

그렇게 중요한 역할을 했음에도 피질은 뇌의 다른 부분인 선조체에 종속되어 있습니다. 피질보다 훨씬 오래 전에 형성되었던 선조체는 꼬리핵, 배쪽 선조체, 조가비핵의 세 가지 하위 영역으로 구성된 심부 뇌 구조입니다. 대부분의 동물(어류, 파충류, 조류, 포유류)에 존재하는 선조체는 개인과 종의 생존에 필수적인 다섯 가지 목표, 즉 먹고, 번식하고, 권력을 획득하고, 환경에 대한 정보를 수집하고, 이 모든 것을 최소한의 노력으로 달성하려는 목표를 추구하도록 프로그램되어 있습니다. 이 다섯 가지 기본 동기를 '1차 강화요인'이라고 합니다.

보상회로

뇌 연구자들은 어류 일부, 쥐, 대형 영장류의 뇌를 연구하면서 보상회로라는 중요한 현상을 관찰할 수 있었습니다. 음식, 섹스, 권력이나 정보 획득에 성공할 때마다 선조체는 쾌감을 일으키는 분자를 방출했습니다. 바로 도파민입니다. 또한 도파민은 이러한 기능의 성공을 좌우하는 신경조절회로를 강화하여 학습을 촉진하고 실행 능력을 향상시키는 효과도 보였습니다.

진화 과정에서 쾌락이 행하는 이러한 결정적 역할에 대해 이미 100여 년 전에 프랑스 철학자 베르그송이 언급한 바 있습니다. "쾌락은 생명체의 생존을 위해 자연이 고안해낸 수단에 지나지 않는다."[17] 오늘날 우리는 그 수단이 도파민이라는 신경전달물질임을 알게 되었죠. 도파민은 쾌락의 주요 원천으로서 1차 강화요인에 긍정적인 영향을 미치는 모든 행동에 보상을 하는 것입니다.

이 점에서는 지난 수백만 년 동안 인간에게 변한 것이 없습니다. 선조체가 이 기초적인 쾌락의 경험을 좇도록 계속해서 부추겨 왔습니다. 생존에 더 이상 꼭 필요하지도 않게 됐는데 말입니다. 인간은 계속해서 더욱 세련된 미각의 쾌락을 추구해 왔으며, 오늘날 아주 많은 사람들이 생존을 위해서뿐만 아니라 먹는 기쁨으로 삶의 만족도를 높이기 위해 음식을 먹습니다. 성생활도 마찬가지입니다. 번식을 위해서만이 아니라 단지 쾌락을 얻기 위해 성생활을 합니다. 권력과 사회적 지위도 마찬가지인데, 이런 것들이 때론 생존을 위해 필요하지만 대개는 개인적 만족을 위해 추구됩니다. 이렇듯 우리는 선조체의 자극을 받아 음식과 섹스와 사회적 지위, 정보가 가져다주는 쾌락을 계속 추구합니다.

과학자들은 선조체의 지시를 '자극제'라 규정합니다. 이 자극제는 끊임없이 1차 강화요인을 찾아 나서도록 부추기고 만족이라는 보상을 줍니다. 쥐를 대상으로 한 실험 결과, 선조체의 도파민 뉴런을 제거하면 쥐는 먹이를 찾지 않아 몇 주 안에 죽는다는 사실을 발견했습니다. 이런 현상은 사람에게서도 관찰됩니다. 사고로 선조체가 손상되면 사람도 욕망하는 능력을 잃습니다. 쥐도 사람도 마찬가지인 거죠. 이러한 증상은 욕망과 쾌락, 생의 약동을 자극하는 두 가지 주요 화학물질인 도파민과 세로토닌이 결핍된 심한 우울증 상태에서도 발견됩니다.

언제나 더 많이, 남들보다 더 많이

신경과학자들은 선조체에는 한계가 없다는 사실도 확인했습니다. 선조체는 1차 강화요인을 통해 우리가 항상 더 많은 쾌락을 좇도록 부추깁니다. 절대로 "이제 그만!"이라고 신호를 보내지 않습니다.

세바스티앙 볼레는 이렇게 말합니다. "우리의 뇌는 욕구가 충족되더라도 항상 더 많은 것을 요구하도록 구성되어 있다."[18] 이러한 사실은 과학 실험으로 밝혀졌습니다. 보상 체계가 학습과 향상을 촉진하고 우리 뇌는 먼젓번보다 더 큰 성취를 얻었을 때 쾌감을 느낀다는 것입니다. 또한 선조체는 항상 더 많이 원하도록 강박적으로 밀어붙입니다. "이러한 프로그래밍 패턴은 극적인 결과를 가져온다. 우리는 양을 늘려야만 쾌락 회로를 자극할 수 있게 된다."[19]

그런데 우리는 만족을 모르는 원초적 동기를 충족하기 위해 대뇌피질의 힘을 이용합니다. 인간의 지능은 수천 년 동안 음식, 섹스, 사회적 명성, 정보 활용 등을 통해 더 큰 쾌락을 얻는 방향으로 발휘되어 왔습니다. 그것도 점점 더 적은 노력을 들이면서 말입니다. 1980년대에 작가 프랑수아 드 클로제가 '항상 더 많이' 문명이라고 묘사한 것은 사실 인간 뇌의 타고난 경향을 표현했을 뿐입니다. 현대의 기술과 경제적 자유주의의 동맹(이 둘은 우리 대뇌피질이 맺게 한 열매입니다)은 많은 사람들이 뇌의 가장 원초적인 부분의 부추김에 반응하도록 이끌었습니다. 자원이 한정된 유한한 세계에서 무한히 성장하는 것은 불가능하기 때문에 이런 무모한 돌진은 생태적 견지에서 재앙일 뿐 아니라 자신이 가진 것에 결코 만족하지 못하는 개인들에게는 끝없는 불만의 원천이기도 합니다.

이 '항상 더 많이' 경향은 다른 요인 탓에 강화됩니다. 그 요인이란 바로 사회적 비교로, 이것이 우리 유전자에 새겨진 채 우리를 동료 인간보다 더 많이 소유하도록 부추깁니다. 권력과 사회적 지위의 추구가 1차 강화요인의 일부임은 선조체의 다섯 가지 기본적 동기를 다룬 부분에서 이미 살펴보았습니다. 그런데 신경과학과 더불어 사회심리학도 우리가 다른 사람들보다 높은 지위에 오를수록 더 큰 만족을 얻는다는 점을 밝혀냈습니다. 경쟁과 지배는 우리 유전자에 각인된 채로 우리가 더 많은 음식, 성적 파트너, 물질 재화, 사회적 인정을 획득하도록 몰아갑니다. 달리 말해, 우리는 끊임없이 다른 사람들과 우리를 비교합니다. 많은 연구들이 이런 비교에서 중요한 것은 급여의 절대 액수가 아니라 상대 액수라는 점을 보여주었습니다. 남들보다 더 많이 벌 때 큰 만족을 느낀다는 것입니다.[20] 이런 사실은 이미 쥐와 원숭이의 경우에서 관찰되었습니다. 이들은 다른 개체보다 더 많은 음식을 먹었을 때 선조체에서 도파민을 더 많이 분비했습니다. 전보다 더 적은 양을 먹더라도 말입니다.

"나는 로마에서 2인자가 되기보다 이 마을에서 1인자가 되련다." 쥘 세자르가 했던 이 말로 지금까지의 내용을 간단히 요약할 수 있겠습니다.

즉각적인 쾌락과 지연된 쾌락

항상 더 많은 것을 얻으려 하고 사회적으로 비교하려는 이러한 생물학적 성향에 더해 실험심리학이 50여 년 전에 밝혀낸 또 다른 성향도 우리의 관심을 끕니다. 즉, 이익이 시간상으로 멀어질수록 우리 뇌는 그 가치를 낮게 본다는 것입니다. 다시 말하자면, 우리는 즉시 얻을 수 있는 만족(이익)을 나중에 얻을 수 있는 만족(이익)보다 더 선호한다는 얘기입니다. 나중에 얻는 만족이 아주 크다고 해도 말입니다.

이러한 사실은 미국 심리학자 월터 미셸이 1950년대 말에 유명한 마시멜로 실험을 통해 처음 관찰했습니다. 그는 어느 날 두 딸을 데리고 아주 간단한 실험을 했습니다. 두 딸에게 마시멜로 한 개를 즉시 먹을 것인지, 아니면 3분을 기다렸다가 두 개를 먹을 것인지 물었습니다. 나중에 많은 사람들이 더욱 정교한 형태로 이 실험을 따라 했습니다. 예를 들면 훨씬 더 많은 사람들에게 마시멜로 대신에 일정액의 돈을 즉시 받을 것인지 아니면 1년 후에 두 배로 받을 것인지로 바꿔 제안하는 식이었죠. 이 실험들의 결과는 대체로 다음과 같았습니다. 대부분의 사람들은 시간이 지연된 큰 만족(이익)보다 작지만 즉각적인 만족(이익)을 선호했습니다.

이러한 결과는 어떤 면에서는 생태 위기에 직면한 우리 거의 모두가 보이는 모습이라 할 수 있겠습니다. 우리는 미래세대를 위해서 현재의 안락한 생활양식을 대거 바꾸는 데 큰 어려움을 겪고 있습니다. 중장기적으로 지구에서의 삶을 불가능하게 할 수 있는 기온 상승보다 지금 당장의 구매력 상승이 더 크게 사람들의 마음을 사로잡고 있죠.

이런 일반적인 태도는 미래보다 현재를 우선시하는 우리 뇌의 작용을 통해 설명할 수 있습니다. 수십만 년 동안 인간은 좋은 기회가 생기면 즉시 활용하여 1차 강화요인을 만족시키는 것이 생존에 더 유리하다는 사실을 뇌 속에 저장해왔습니다. 적대적이거나 결핍을 겪는 세상에서는 지체 없이 음식이나 성적 기회를 잡는 것이, 또한 자신의 지배력을 행사하는 것이 항상 유리합니다. 더 유리한 환경에 살고 있을 때라야 대뇌피질의 작용을 통해 나중의 더 큰 만족이나 더욱 지속적인 이익을 얻으려는 생각으로 1차 강화요인을 만족시킬 기회를 미룰 수 있습니다. 그러기 위해서는 미래에 대한 확신이 있어야 하는데, 이는 어느 정도의 안정성과 예측 가능성, 또는 삶에 대한 깊은 신념이 뒷받침되어야 할 것입니다.

만족과 불만족

신경과학은 욕망의 메커니즘에 대해 고대 철학자들이 이야기했던 것과 완전히 일치하는 설명을 내놓습니다. 지금까지 살펴본 것처럼, 만족을 모르는 욕망은 욕구불만만큼이나 만족의 근원이기도 합니다. 배고픔뿐 아니라 식욕을 해결하는 만족감, 활짝 피어나는 성생활의 만족감, 사회적 지위 상승의 만족감, 아주 많은 정보에 쉽게 접근하면서 자유롭게 이용할 때의 만족감 등 말이죠. 우리 조상들은 이러한 만족을 얻기 위해 우리보다 훨씬 더 많은 노력을 기울여야 했고, 그러면서도 매우 불안정한 삶을 살았습니다. 이에 비할 때 우리가 어떻게 결핍을 느낀다며 불평할 수 있을까요?

인간은 대뇌피질 덕분에 선조체가 욕망하도록 부추기는 것들을 아주 쉽게 지속적으로 얻는 방법을 알게 되었습니다. 하지만 이러한 현실의 속내를 찬찬히 들여다보면, 우리의 원초적 뇌가 우리가 끊임없이 다른 것을 원하도록 부추기고, 경제 시스템과 광고가 계속해서 더 많은 소비를 하도록 욕구불만을 이용하고 있음을 알게 됩니다. 그런 까닭에 우리가 누린다고 생각하는 풍요와 편안함이 반드시 우리를 행복하게 만든다고 할 수 있을까 반문하게 됩니다.

3
욕망의 모방

"우리는 보통 주변 사람들이 원하는 것을 원한다."
- 르네 지라르

앞장에서 보았듯이, 우리의 원초적 뇌가 욕망에 강력한 영향을 미치며 우리의 동기를 지배합니다. 이러한 점을 고려할 때 욕망에 대해 인문학이 특별히 강조하는 다음의 세 가지 사회적 차원을 명확히 할 필요가 있습니다. 우리는 다른 사람이 원하는 것을 원하고(모방욕망), 다른 사람이 가진 것을 원하며(탐심), 우리의 행복을 다른 사람의 행복과 비교합니다(질투).

르네 지라르와 모방욕망

철학자이자 인류학자인 르네 지라르는 미국에서 평생을 교육에 투신했고 특히 모방이론의 아버지로 알려졌습니다. 그는 모방욕망을 다음과 같이 설명했습니다.

"욕구는 다른 사람과는 상관없이 우리 몸을 통해서 충분히 아주 잘 느낄 수 있다. 그러나 욕망은 무시할 수 없는 사회적 차원을 가지고 있다. 우리의 욕망 뒤에는 항상 어떤 모델이나 매개자가 존재하는데, 이들 대부분은 제3자가 인식하지 못하거나 모방하는 사람조차도 인식하지 못하는 경우가 많다. 우리는 보통 주변 사람들이 원하는 것을 원한다. 우리의 모델은 현실일 수도 있고 상상일 수도 있다. 또 집단일 수도 있고 개인일 수도 있다. 우리는 우리가 동경하는 사람들의 욕망을 모방한다. '그들처럼 되고' 싶고 그들의 존재를 훔치고 싶어 한다. 하이데거를 따르는 실존주의자들이 진실하지 않다고 묘사했던 평범한 사람들만이 욕망을 모방하는 것은 아니다. 스스로 가장 진실한 존재로 생각하는 우리 자신을 포함하여 예외 없이 모든 사람들이 모방한다."[21]

르네 지라르는 1961년에 출판된 매혹적인 저서 《낭만적 거짓과 소설적 진실》(한길사, 2001)에서 모방욕망에 관한 이론을 선보였습니다. 그는 개인 욕망의 자발적이고 진실한 성격을 높이 평가하는 낭만주의적 견해를 세르반테스, 스탕달, 플로베르, 도스토옙스키, 프루스트 등 다섯 명의 위대한 소설가들의 작품을 통해 비판합니다. 즉, 인간의 욕망은 본질적으로 모방적이라고 주장합니다.

그들 소설의 주인공들은 자신들이 모델로 삼은 인물의 욕망을 모방합니다. 그들의 욕망은 다른 욕망의 모방입니다. 떠돌이 기사 돈키호테가 풍차로 돌진한 것은 자신이 모델로 삼은 갈리아의 아마디스도 그렇게 했을 거라고 확신했기 때문입니다. 엠마 보바리*는 어린 시절 읽었던 감성적 연애소설들을 바탕으로 자신의 욕망을 '계획programme'했습니다.

스탕달은 《적과 흑》(민음사, 2004)에서 쥘리앙 소렐을 타인에게서 자신의 욕망을 끌어올 수밖에 없는 '허영심 많은 남자'로 묘사했습니다. 드레날도 마찬가지였습니다. 그는 무슨 수를 써서라도 쥘리앙을 자기 아이들의 가정교사로 고용하려고 했습니다. 자신의 라이벌인 발레노드도 같은 욕망을 가졌다고 확신했기 때문입니다. 마찬가지로 소설의 마지막 부분에서 쥘리앙은 마틸드의 마음을 되돌리기 위해 페르바크 원수 부인의 욕망을 자극하고 마틸드에게 그 모습을 보여줌으로써 그녀가 다시 자신에 대한 욕망을 느끼도록 하는 계략을 씁니다. 이 계략이 성공하여 마틸드를 되찾게 되는데, 마틸드 역시 모방욕망을 갖도록 만든 것이지요.

---

* 귀스타브 플로베르의 소설 《마담 보바리》의 여주인공–옮긴이

스탕달의 소설에 나오는 '허영심 많은 남자'의 모습은 프루스트의 소설에 등장하는 '속물'의 모습과 닮아 있습니다. 바로 자신이 부러워하는 신분, 재산, '세련됨'을 지닌 존재를 구차하게 흉내 내는 사람입니다. 르네 지라르는 이렇게 썼습니다.

> "《잃어버린 시간을 찾아서》(민음사, 2012)에서 보여준 것처럼, 매개자가 사랑에 빠졌는지 아니면 세속적인 쾌락을 좇는지에 상응하여 등장인물들이 질투심이 있다거나 속물적이라고 말할 수 있을 정도로 욕망의 모방이 이루어진다. 욕망의 삼각형 이론을 통해 우리는 프루스트 작품 속의 현장, 즉 사랑-질투와 속물근성이 교차하는 지점에 훌륭히 접근할 수 있게 된다."[22]

마르셀 프루스트는 또한 자신의 기억을 떠올리며 아이의 욕망이 본질적으로 모방적이라는 것을 보여줍니다. 어린 마르셀은 자신이 존경하는 어른들이 원하는 것을 원했습니다. 그래서 자신이 존경하는 어른(베르고트)이 베르마라는 위대한 여배우를 동경한다는 이유만으로 그녀의 연극을 보고 싶다는 강렬한 욕망을 품었던 거죠. 그리고 비록 공연에는 실망했지만 자신의 모델인 베르고트의 이야기를 듣고는 여배우의 연기에 감탄합니다. 프루스트의 욕망은 자신의 인상보다 타인에게서 받은 암시에 더 크게 영향을 받는다는 점을 보여줍니다. 프루스트의 상상력을 자극하고 욕망을 불러일으키는 것은 언제나 대화, 표정에서 느껴지는 즐거움, 존경하는 사람이 표현한 생각입니다. 프루스트는 이렇게 썼습니다.

"나의 깊은 내면에는 끊임없이 꿈틀거리며 다른 모든 것을 지배하는 작은 고갱이가 들어 있었다. 그것은 철학적 풍부함에 대한 믿음, 내가 읽고 있는 책의 아름다움에 대한 믿음, 그리고 어떤 책이든 그것을 내 것으로 만들고자 하는 열망이었다. 실제로, 비록 책을 콩브레 마을에서 샀다고 해도 … 당시 내가 보기에 진리와 아름다움의 비밀을 간직하고 있을 법했던 교수님이나 친구가 그 책을 뛰어난 작품으로 인용했던 사실을 알고 있었기 때문이다."[23]

이 소설가들은 욕망의 특이성과 자발성을 중시하는 낭만적 사고와 마주하여 모방욕망의 보편적 성격과 그 삼각형 역학*을 드러냅니다. 욕망의 매개자는 우리가 가장 모방하고 싶은 롤모델이지만 경쟁자가 될 수도 있습니다.

이렇듯 르네 지라르는 모방욕망의 힘에 대해 매우 인상적인 견해를 내놓았습니다. 모든 욕망은 모방적이며 사회라는 틀 안

---

* 모방이론에서 욕망하는 사람, 욕망의 대상, 모델(매개자) 사이에서 맺어지는 관계를 가리킨다.-옮긴이

에서만 나타난다는 그의 주장을 따라야 할까요? 저는 진지한 성찰을 통해 이 주장에는 비약적인 면이 있다는 점을 깨닫게 되었습니다.

제 어린 시절의 욕망을 생각해보면 의식적이든 무의식적이든, 스키나 하이킹, 지적인 공부, 클래식 음악 감상 등 주변 어른이나 롤모델에게서 영감을 얻은 여러 가지 욕망이 떠오릅니다. 그러나 저는 또한 부모님이나 형제자매, 그리고 제가 존경했던 다른 어른들도 갖지 못했던 좀 더 개인적인 욕망과 취향이 생겼다는 점도 기억납니다. 소설 쓰기(열두 살 때 첫 단편소설을 썼습니다), 드럼을 치고 록그룹을 결성(열다섯 살에 이루었습니다), 언젠가 영화를 만들겠다는 욕망(아직도 이루지 못했습니다!) 등 말이죠.

저는 현실이 르네 지라르의 주장보다 더 다양하다고 생각합니다. 개인들에게는 롤모델이나 경쟁자에게서 영감을 받은 모방욕망이 있을 뿐 아니라 자신의 독특한 본성에서 비롯하는 자발적인 욕망도 있습니다. 지라르가 기여한 바는 무엇보다도 우리가 모든 욕망의 자발성을 확신하고 있을 때 우리 삶(특히 청소년기)에 존재하는 모방욕망의 힘을 드러내 보였다는 점입니다.

이렇게 볼 때, 우리의 자유의지가 전능하다는 당시의 일반적인 믿음을 반박하면서 우리의 행동 대부분이 무의식적으로 이루어진다고 했던 스피노자와 프로이트처럼, 우리 역시 깨어 있는 의식과 분별력을 갖도록 노력할 필요가 있음을 깨닫게 됩니다.

희생양과 모방

이 중요한 첫 번째 작품 이후 르네 지라르는 평생을 모방욕
망에 대해 연구했습니다. 그 작업은 집단에 초점을 두고 이루
어집니다. 이후 작품에서 그는 희생양 현상과 그것을 부추기는
모방 차원에 초점을 맞춥니다.

희생양이란 표현은 성경에서 따온 것입니다. 유대교의 명절
인 욤 키푸르*에 대사제는 이스라엘의 모든 죄를 뒤집어쓴 염
소를 사막에서 사냥했습니다. 희생양이란 표현은 18세기부터
다수 집단에 의해 부당하게 박해받는 개인이나 소수 집단을 지
칭하는 말로 널리 쓰이기 시작했습니다. 르네 지라르는 《폭력
과 성스러움》(민음사, 2000)에서 결백한 사람을 자신들의 불행에
대한 책임을 덮어씌우기 위해 만장일치로 지목하는, 공동체 카
타르시스의 메커니즘을 보여주었습니다. 여기에서 희생양이
된 사람은 이러한 집단적 무고에서 벗어날 수 없도록 압도됩니
다. 지라르는 모든 집단 폭력 현상에서 작동하는 모방적 특성
을 다음과 같이 보여줍니다.

　"죄가 있다고 부당하게 인식하며 수많은 희생양을 만들어내는

---

* 유대교의 속죄일로서 이날은 하루 종일 어떤 일도 하지 않고 단식해야 한다.─옮긴이

군중의 집단적 경향을 어떻게 설명할 수 있을까? 이렇게 이해하기 어려운 현상은 한 사람 한 사람이 따로 관찰하여 얻은 결과가 정확히 일치하여 일어나는 것은 아니고 다분히 모방 전염에 의한 것이다. 희생양을 향한 증오심은 그 증오심에 이미 감염된 군중과 접촉하면서 전염병처럼 퍼져나간다."[24]

그의 가장 유명한 작품인 《창세 이래 숨겨진 것들Des choses cachées depuis la fondation du monde》에서 그는 희생양 메커니즘의 터무니없고 파괴적인 본질을 보여주려고 합니다. 신화와 고대 종교에서 말하는 것과는 달리 희생양은 죄가 없으며, 이 죄 없음은 예수가 집단 폭력의 대속代贖적 희생자로 등장하는 복음서에서 훌륭하게 입증됩니다. 예수를 빌라도에게 넘겨 사형선고를 받게 한 대사제 가야파는 이렇게 말했습니다. "한 사람이 죽는 것이 모든 백성이 멸망하는 것보다 낫다." 이에 대해 지라르는 다음과 같이 단언합니다.

"성경과 복음서에 나오는 희생양들의 복권은 인류 역사상 가장 특별하고도 유익한 모험이며, 진정한 인간 사회를 만드는 데 가장 필요한 일이다. 이것이 내가 희생양 메커니즘의 파괴적 계시라고 부르는 것이며, 그 여정은 아직 끝나지 않아서 지금도 우리에게 다가오고 있는 중이다."[25]

우리는 우리 사회에서 작동하는 모방 메커니즘 현상을 완전히 자각하기 전까지는 계속해서 희생양을 지목하며 개인이나 소수 집단을 모든 불행의 원인으로 비난할 것입니다. 개인의 욕망이든 집단적 행동이든 그와 관련된 모방의 영향력을 깨닫게 해준다는 점에서 르네 지라르의 연구는 매우 유익합니다.

4
질투

> "영혼을 괴롭히는 이것은 무엇일까? 바로 질투다."
>
> – 볼테르

모방욕망은 다른 사람이 원하는 것을 욕망하게 만듭니다. 그런데 다른 사람이 소유한 것을 욕망하는 것은 물론이고 나아가 다른 사람의 행복에 슬퍼하고 그가 불행해지기를 바라는 보편적인 경향도 있습니다. 이 두 가지 감정은 동일한 현실을 다루지는 않지만 질투라는 같은 이름을 가지고 있습니다.

첫 번째 경우에 우리는 다른 사람이 가진 것을 부러워합니다. 여기에 우리는 탐심을 덧붙일 수 있습니다. 이웃의 아내나 동료의 자동차를 탐내는 것 같은 일 말입니다. 두 번째 경우에 우리는 행복한 사람을 질투하고 그에게 원망을 느낍니다. 이러한 원망은 증오로 바뀌어 마침내 그 사람이 불행해지기를 바라거나 심지어 그렇게 되도록 몰아갈 수도 있습니다.

질투에서 증오로

이 두 번째 감정은 특히나 철학자들의 관심을 끕니다. 인간 영혼이 지닌 상당히 놀라운 특징이기 때문입니다. 다른 사람의 성공이나 행복은 나를 불행하게 만듭니다. 그들이 가진 것을 꼭 갖고 싶지 않더라도 말입니다.

아리스토텔레스는 질투를 "동료가 어떤 재물을 획득하는 데 성공하는 것을 보았을 때 느끼는 마음 아픔, 즉 자신의 이해타산 때문이 아니라 오로지 동료를 보면서 느끼는 아픔"[26]이라고 정의합니다. 다시 말해, 우리가 부러워하는 것은 다른 사람의 재물이 아니라 그것을 가진 사람의 행복입니다. 비교 때문에 일어나는 일이죠. 아리스토텔레스는 질투와 연민을 대조합니다. 그에게 연민은 타인의 불행을 보며 느끼는 아픔이고, 질투는 타인의 행복을 보며 느끼는 '혼란스러운 마음의 아픔'입니다. 아리스토텔레스는 또한 질투를 분노(그만한 자격이 없는 사람의 행복이나 성공에 느끼는 아픔)나 다른 사람이 가졌고 우리도 갖고 싶어 하는 재물을 얻도록 부추기는 경쟁심과 구별하는 데도 주의를 기울였습니다.

"경쟁심은 정직한 사람들의 정직한 열정인 반면 질투는 비루한 사람들의 비루한 열정이다. 어떤 이는 경쟁심을 통해 재물을 얻을 수 있는 위치에 서게 되고, 또 다른 이는 질투에 사로잡혀 이웃이 재물을 갖지 못하도록 방해하기 때문이다."[27]

아리스토텔레스는 이어서 우리가 동료라고 생각하는 사람, 즉 자신과 비교될 만한 사람을 질투할 뿐, 거리나 재산으로 볼 때 우리와 아주 멀리 떨어져 있는 사람을 질투하지는 않는다고 강조합니다. 스피노자도 마찬가지로 생각하여 《에티카》에서 우리는 우리와 같은 부류라고 생각하는 사람만을 질투한다고 말합니다.[28] '질투'라는 단어의 그리스어 어원인 프토노스 phthonos에는 다른 사람의 불행을 바라거나 즐기는 악의적인 생각이 담겨 있습니다. 질투하는 사람은 그 대상을 무너뜨리거나 그의 실패를 보는 것 이상을 원하지 않습니다.

다른 사람의 기쁨은 내 기쁨을 떨어뜨린다

이러한 감정을 어떻게 설명할 수 있을까요? 아리스토텔레스의 분석에서 영감을 얻은 중세의 위대한 신학자 토마스 아퀴나스는 《신학대전》에서 이렇게 썼습니다. "질투는 이웃의 행복이 마치 우리 자신의 행복을 감소시키고 우리에게 해를 끼치는 것처럼 슬퍼하는 것이다."[29]

몇 세기 지나 영국의 철학자 데이비드 흄도 이런 생각을 다시 거론합니다. 우리는 다른 사람의 행복이나 불행을 관찰한 결과에 견주어 우리의 행복이나 불행을 판단한다는 것입니다. 그리하여 다른 사람의 불행을 보면 자신의 행복을 더 크게 느끼고, 반대로 다른 사람의 행복을 보면 자신의 불행을 더 크게 느끼게 됩니다. 따라서 질투는 "다른 사람이 느끼고 있는 기쁨에서 일어나고, 이에 비해 우리 자신의 기쁨에 대한 생각은 줄어들게 된다"[30]고 할 수 있습니다. 그 결과 원망이나 증오가 생겨 다른 사람이 불행해지기를 바라게 됩니다.

대부분의 그리스 사상가들과 많은 기독교 신학자들은 질투를 인간의 영혼을 가장 타락시키는 악덕 중의 악덕으로 여겼습니다. 그래서 중세와 르네상스 시대의 도상학*에서는 질투하는 사람을 종종 증오로 얼어붙은 눈빛으로 뱀을 애무하는 노파나 노쇠한 사람으로 묘사했습니다. 이는 독설을 퍼부으며 비방하는 자들을 상징합니다. 계몽주의 철학자들도 볼테르를 인용한 칸트의 말처럼 "끔찍한 악덕, 자신에게조차 등을 돌리고, 생각에만 머무르지 않고 타인의 행복을 파괴하려고 하는 이 음울한 열정"[31]에 대해 조금도 관대하지 않았습니다.

인간이 자유롭게 창조되었다면 스스로를 다스려야 하고,

---

* 주로 기독교나 불교 미술에서 조각이나 그림에 나타난 여러 형상의 종교적 내용을 밝히는 학문-옮긴이

폭군이 있다면 그를 폐위시켜야 한다.

우리가 너무도 잘 알다시피 폭군은 악이다.

누구보다도 잔인하여 지독한 전횡을 일삼고

가장 비겁하면서도 가장 가차 없다.

심장 깊숙이 독화살을 꽂아 넣는

이 정신의 사형집행인은 누구인가?

그것은 질투이다.[32]

욕망에서 욕구로

지금까지 논의한 내용을 봤을 때, 우리는 같은 범주 안에 들어 있는 몇 가지 유사한 개념들을 구별하는 것이 필요합니다. 순수한 질투는 우리가 동료라고 생각하고 우리 자신과 비교하는 사람들만 그 대상이 됩니다. 탐욕의 질투envie는 재물이나 사람과 관련된 것이지만, 시샘jalousie은 재물이나 사람과 관련이 있으면서도 시샘하는 사람이 불쾌한 제3자를 몰아내도록 밀어붙이는 삼각관계 속에 놓이게 됩니다.[*]

---

[*] 프랑스어 envie와 jalousie 사이에는 혼동하기 쉬운 의미 차이가 있다. envie는 단지 다른 사람이 가진 것을 자신도 갖고 싶어 하는 응어리진 감정인 반면, jalousie는 자신이 애착을 가진 사람이나 물건을 다른 사람 때문에 갖지 못하거나 빼앗길까 봐 두려워하는 감정을 가리킨다. 우리말에는 이러한 의미 차이를 정확히 반영할 수 있는 단어가 없어서 편의상 질투와 시샘으로 구별하여 번역했다는 점을 밝힌다.-옮긴이

질투, 탐심, 시샘은 어떤 식으로든 욕망의 파생물이거나 갖가지 표정입니다. 아이스크림을 먹고 싶다, 누군가와 사랑을 나누고 싶다, 바다에서 휴가를 보내고 싶다, 피아노를 치고 싶다, 자동차를 사고 싶다 등 일상적인 언어생활에서 우리는 욕망의 동의어로서 '욕구'를 표현하는 단어를 사용합니다.

우리 모두는 다양한 신체적 필요와 바람의 표현인 '욕구'를 가지고 있습니다. 신체적 필요를 설명하는 데 가장 일반적으로 사용되기 때문에 이 단어는 우리의 욕망을 이러한 유형의 욕구로 축소하거나 욕망의 강도나 깊이를 감소시키는 경향이 있습니다. 누군가에게 "난 당신이 필요해요."라고 말하는 것과 "당신을 원해요."라고 말하는 것은 다른 의미입니다.

첫 번째 표현은 의식적이든 무의식적이든 "시원한 맥주가 마시고 싶어."라고 말하는 것처럼 생리적 욕구의 충족을 반영하는 반면, 두 번째 표현은 우리의 감정, 애정, 생명력 등 우리 존재 전체를 더 많이 포함하는 것 같습니다. 그렇기 때문에 우리는 "화장실에 가고 싶다" 또는 "콜라가 마시고 싶다"와 같은 생리적 욕구를 욕망이라고 표현하는 경우는 거의 없습니다. 생리적 욕구는 매우 강하게 느껴집니다. 우리가 원하는 물질적 재화도 마찬가지입니다. 새 컴퓨터, 운동화, 전기 자전거 등을 갖고 싶다는 마음은 일상적 표현으로 '욕구'라고 합니다.

반대로 비물질적이거나 더 깊고 내밀한 것에 대해 이야기할 때는 "직업 생활의 방향을 바꾸고 싶다", "외국에 가서 살고 싶다", "결혼해서 아이를 갖고 싶다", "더 많은 교육을 받고 싶다" 등 자연스럽게 욕망에 대해 이야기하게 됩니다. 의식적이든 무의식적이든 우리가 욕망을 표현할 때 사용하는 말에는 의도가 포함됩니다. 반면에 '욕구'를 표현하는 말은 대부분 신체적 필요나 물질적 대상을 나타내는 경우가 많습니다. 이제부터 살펴보겠지만, 소비사회가 우리의 욕망을 욕구로 축소하는 경우가 많다고 말할 수 있는 것도 그 때문입니다.

5
소비주의와 욕망의 조작

"우리는 우리를 괴롭히는 욕망에 시달린다."
– 알랭 수숑[*]

미국의 경제학자 제레미 리프킨은 《노동의 종말》(민음사, 2005)에서 1920년대부터 미국의 주요 기업들이 이윤을 유지하고 늘리기 위해 더 많은 생산을 해야 하는 상황에 직면했고, 대다수의 가정이 필요하지도 않은 제품을 구매하도록 설득해야 했다고 설명합니다. 이를 위해 사회적 비교를 지렛대 삼아 상표를 성공의 상징으로 만들려 했고, 그 수단으로 광고를 이용했습니다.

불만을 조장하다

"이웃집은 이미 6기통 포드 머스탱이 있다는 사실을 아십니

---

[*] 프랑스의 유명 싱어송라이터이자 배우. 1993년 발표한 샹송 "감상적인 군중(Foule sentimentale)"은 밀리언셀러에 오르며 그의 가장 큰 히트곡이 되었다. –옮긴이

까?" 광고주들은 이런 선전 문구를 반복해서 내보냈습니다. 그토록 고성능 엔진을 단 자동차가 전혀 필요하지 않던 시절에 말이죠. 이런 전략은 큰 성공을 거두었습니다. 우리 뇌가 시계, 신발, 자동차, 전화기 등의 겉모습으로 내보이는 신호를 통해 끊임없이 사회적 지위를 향상시키려 한다는 사실을 이용했기 때문입니다. 당시에는 뇌의 작용을 지금만큼 깊이 알지 못했는데도 말입니다.

광고주들은 또한 사람들이 계속해서 불만족 상태에 있으며, 이들을 만족시킬 수 있는 유일한 방법은 더 성능 좋고 정교하고 화려한 제품을 만드는 것뿐이라는 사실을 알게 되었습니다. 당시 제너럴 모터스 부회장이었던 찰스 케터링은 "경제적 번영의 열쇠는 조직적인 불만을 조성하는 것"이라고 말했습니다. 리프킨은 1929년 후버 대통령이 의뢰하여 작성된 경제 상황에 대한 시사성 큰 보고서도 언급했습니다. 일부를 소개하자면 다음과 같습니다.

"이 조사는 오랫동안 이론적으로 사실로 여겨왔던 것, 즉 욕망은 완전히 충족될 수 없으며 일단 충족된 욕망은 다른 욕망을 위한 길을 열어준다는 것을 확실히 보여준다. 결론적으로, 경제적으로 볼 때 우리에게는 무한한 영역이 열려 있으며, 새로운 필요가 충족되는 즉시 더욱 새로운 필요로 가는 길을 끊임없이 열어줄 것이라고 말할 수 있다. […] 광고와 기타 홍보 수단은 […] 생산 증대의 원동력이 되었다. […] 우리는 계속해서 생산을 늘릴 수 있을 것이다. […] 우리의 상황은 매우 좋아서 큰 도약을 이룰 것이다."[33]

욕 구 는 생 산 의 열 매 다

1960년대에 미국의 또 다른 유명 경제학자이자 하버드대 교수이며 케네디 대통령의 특별 고문이었던 케네스 갤브레이스가 소비주의의 원동력을 철저히 분석했습니다. 그리고 자유주의 담론의 영향 아래에서 우리의 선택은 설득에 좌우된다는 사실을 보여주었습니다. 신자유주의 옹호자들이 찬양하는 소비자의 자유와 주권은 집단 기만이었던 셈이죠.

소비자의 자유와 주권은 실은 광고의 제안과 담론에 좌지우지됩니다. 갤브레이스는 "욕구는 사실상 생산의 열매다."라고 말했습니다. 이는 궁극적으로 경제의 주요 임무가 욕구를 창출하여 채워주는 것이며, 온갖 설득 수단을 통해 소비자가 점점 더 많은 소비를 하도록 부추긴다는 것을 뜻합니다. 이때는 특히 사회적 비교와 인정받고자 하는 욕구라는 동기, 때로는 무의식적일 수 있는 동기가 활용됩니다. 이에 대해 갤브레이스는 이렇게 말합니다.

"개인은 자신의 저축과 자본이 아니라 제품을 소비함으로써 산업 시스템에 기여한다. 그 정도로 철저하고 현명하게 비용을 들여 실행하는 다른 어떤 종교적, 정치적, 도덕적 활동이 없을 정도다."[34]

갤브레이스뿐만 아니라 다른 많은 연구자에게 욕구는 항상 우리가 속한 사회의 가치와 연결되어 있으며, 욕구 충족은 무엇보다도 이러한 가치에 동조한다는 것을 뜻합니다. 궁극적으로 개인의 기본적 선택은 생활양식을 받아들이고 특정 사회의 가치에 순응할지 여부와 관계있습니다.

개 인 길 들 이 기

프랑스 사회학자 장 보드리야르는 1970년에 《소비의 사회》(문예출판사, 2015)라는 걸작을 썼는데, 지금 읽어도 낡은 느낌이 들지 않는 책입니다. 이 책은 현대 소비주의 사회에서 작동하는 상징적이고 허구적인 차원, 나아가 주술적 차원을 보여줌으로써 앞에서 언급한 미국 경제학자들의 이론을 보완하고 발전시켰습니다. 그는 또한 서구 사회에서 풍요와 자유로운 욕구 충족 덕분에 사회에서 폭력이 감소했다고 믿는 신자유주의 경제학자들의 오류를 비판합니다. 그가 보기에 소비사회는 게임의 규칙과 그것이 옹호하는 가치를 개인들이 내면화하도록 말 그대로 길들이기 때문에 상대적으로 잘 작동할 뿐입니다.

"소비사회는 사회 규칙에 의해 모든 면에서 제약을 받던 개인이 마침내 자유와 개인적 놀이의 여유를 회복하는 불확정된 주변부 영역이 전혀 아니다. 그것은 적극적이고 집단적인 행동이며, 강제이며, 도덕이며, 제도이다. 이 용어가 집단 통합과 사회적 통제의 측면에서 의미하는 모든 것을 포함하는 전체 가치체계이다. [⋯] 이런 식으로 소비는 원시 사회의 위계적이거나 종교적인 의식이 그랬던 것처럼 모든 이데올로기를 대체하고 장기적으로는 사회 전체를 통합할 수 있다. [⋯] 따라서 소비의 시대는 자본의 기호 아래 생산성이 가속화되는 전체 과정의 역사적 정점이자 급진적 소외의 시대라고 주장할 수 있다. 오늘날 상품 논리가 일반화되어 노동 과정과 물질적 재화뿐만 아니라 문화, 성, 인간관계, 심지어 개인의 환상과 충동까지 지배하고 있다. 모든 기능과 욕구가 이윤의 관점에서 표출되고 조작된다는 의미에서뿐만 아니라 모든 것이 쇼 비즈니스화된다는 더 깊은 의미에서, 즉 이미지, 기호, 소비용 모델로 환기되고 자극되고 조직된다는 의미에서 모든 것이 이 논리에 의해 점령된다."[35]

보드리야르는 소비주의 사고방식을 고대 사회의 주술적 사고와 비교하기까지 했습니다. 주술적 사고 역시 기호의 전능성에 대한 믿음에 기초하고 있기 때문입니다. 우리는 소비사회가 우리에게 제공하는 행복과 성공의 기호들을 신뢰합니다. 그렇기 때문에 우리는 그 기호들을 욕망하는 것입니다.

소 비 주 의 와 순 응 주 의

누군가는 꿈꾸고 다른 누군가는 당황스러워하는 순응주의는 서구에서 수십 년 동안 정착되어 왔으며 지금은 전 세계에 퍼지고 있는 미국의 표준적 생활방식입니다. 현대의 소비자들은 극도로 순응적입니다. 사회적 인정의 신호로서 제안된 생활양식에 적응하려고 노력합니다. 소비자들의 비판 능력은 매우 약하고 욕망은 모방적입니다. 그 욕망은 종종 사회적으로 권유되거나 반복되는 광고와 미디어의 부추김을 받은 욕구로 변합니다(미디어는 얼마나 자주 기술 진보와 신제품의 장점을 찬양하는지요!). 청소년은 최신 유행의 신발이나 휴대폰, 비디오 게임기를 갖기를 꿈꾸고, 어른들은 고급 자동차나 화려한 시계, 명품 핸드백을 구입하기를 갈망합니다.

"50세에 롤렉스를 살 수 없다면 실패한 인생이다." 광고업자 자크 세겔라가 언급해 세간의 주목을 끌었던 말입니다. 이 말은 존재하기 위해 소비한다는 취지를 완벽하게 표현합니다. 우리 자신과 타인의 눈에 띄기 위한 것이지요. 마케팅은 새로운 욕구를 창출하고 인류가 수천 년 동안 없어도 살아갈 수 있었던 물건들을 필수품처럼 보이게 만듭니다. 이를 우리는 제품의 '바랄 만한 가치'라고 부릅니다. 희소성은 제품의 선호도를 높이는 핵심 요소 중 하나이며 명품 산업의 성공 비결이기도 합니다. 특정 시계나 자동차, 핸드백은 비싸고 소량으로 생산되며 때로는 구입하는 데 몇 달이나 걸리기 때문에 더욱 바라게 됩니다.

나는 소비한다. 고로 존재한다

지난 20년 동안 광고는 사회적 비교를 드러내는 방식(사용함에 따라 약화되는 기법)을 노골적으로 활용하지 않았습니다. 대신 진정성과 자기실현이라는 크게 유행하는 주제에 더 많은 힘을 기울였습니다. 우리를 온전히 우리 자신으로 만들어준다거나 우리의 정체성과 완벽하게 일치한다고 생각하게끔 하는 것보다 더 제품을 바라게 만드는 것은 없으니까요.

이런 이야기는 사실 터무니없는 것입니다. 제각기 다른 수백만 명, 나아가 수억 명에 이르는 개개인의 정체성에 일치하는 제품이라니요! 하지만 광고가 거짓말하고 있다는 것은 중요하지 않습니다. 오히려 자신의 가장 진정한 욕망에 충실하고자 하는 마음속 깊은 열망을 불러일으킵니다. 전 세계에서 판매되는 대기업의 표준화된 제품보다 더 몰개성적인 것은 없는데도 그들은 개인에게 맞춘 제품을 판매하겠다는 것이지요!

광고에서 홍보하는 제품을 구매하는 것보다 더 순응적인 것은 없습니다. 하지만 소비자는 자신의 구매 결정이 개인적인 것이며, 자기 내면의 욕구에 부합하는 제품을 사는 거라고 스스로를 설득해야만 합니다. 이는 이미 언급한 모방욕망이라는 메커니즘에 의해서만 가능합니다. 내가 닮고 싶어 하는 누군가(대체로 스타)가 이 제품을 사용합니다. 그리고 스스로에 대한 충만감을 느끼게 되었다고 제품의 장점을 칭찬합니다. 그런 모습을 보고 있노라면 나도 그렇게 될 것이라고 믿게 됩니다. 내 욕망(아니 여기서 욕망은 매우 빈약한 것이 되니 욕구라고 해야 할까요)은 롤모델의 욕망을 모방합니다.

비판정신의 상실과 욕망의 빈곤화

순응주의, 모방, 비판정신의 상실, 욕망의 빈곤화로 소비사회는 점점 더 우려할 만한 비인간화를 낳고 있습니다. 물론 선택의 자유와 자기실현과 같이 오해의 소지가 있는 담론으로 이를 감추려 하지만, 실제로는 개인을 무분별한 소비자로, 즉 원초적 뇌의 충동과 모방욕망의 노예로 전락시킵니다.

소비주의 체제를 뒷받침하는 신자유주의 이데올로기는 우리에게 자유와 행복을 약속하지만 이 체제는 굴종과 좌절의 원천입니다. 우리는 욕망 속에서 길들여지고, 순종하며, 조종당합니다. 그러면서 끊임없이 만족하지 못합니다.

여기에서 벗어나는 길은 행복을 오직 사회적 성공과 물질적 향유와 연관 짓는 우리 사회의 절대명령에서 빠져나오는 것입니다. 우리는 분별력과 비판정신을 회복해야 합니다. 그리고 무엇보다도 우리의 가장 깊고 진실한 자기다운 욕망과 그것을 품고 있는 생의 약동과 다시 연결되는 법을 배워야 합니다.

이에 대해서는 3부에서 살펴보겠습니다. 무엇보다 우리는 여전히 우려되는 점, 특히 소셜 네트워크를 통해 어린이와 청소년의 욕구가 조작되는 방식에 각별히 주의를 기울여야 합니다.

6

위험에 빠진 엄지세대

"우리가 아이들 뇌를 가지고
무엇을 하고 있는지는 신만이 알고 있다."
– 숀 파커, 페이스북 초대회장

작고한 미셸 세르가 2012년에 《엄지세대*Petite Poucette*》(갈라파
고스, 2014)라는 걸작을 출판했을 때, 그는 소셜 네트워크에 대해
호의적인 시선으로 바라보았습니다. 하지만 저는 회의가 컸습
니다. 왜냐하면 내 주변 청소년들이 하루에 몇 시간씩 스마트
폰을 보며 새로운 댓글이나 '좋아요' 등을 애타게 기다리는 모
습을 목격했기 때문입니다. 안타깝게도 10년이 지난 오늘날
갖게 된 정보와 연구들은 이러한 우려를 확인시켜줄 뿐입니다.

2021년 11월 24일에 프랑스의 미디어 조사 기관인 메디아
메트리Médiamétrie의 연구에 따르면, 15~24세 프랑스인의 스마
트폰 인터넷 사용 시간이 하루 평균 3시간 41분으로 나타났습
니다. 이는 전체 인구의 1시간 37분과 비교했을 때 매우 높은

수치입니다. 이 수치는 지난 몇 년간 계속 증가해왔는데, 이 시간의 대부분을 소셜 네트워크에서 보내는 것으로 확인됩니다. 현재 전 세계적으로 42억 개의 소셜 네트워크 계정이 활성화되어 있습니다.

페이스북, 인스타그램, 틱톡, 스냅챗 등 대부분의 SNS에서는 사용자가 자신의 명함이 되는 프로필을 만들 수 있습니다. 프로필은 젊은이들이 다른 사람들에게 자신을 드러내는 창구가 됩니다. 또한 게시물이나 스토리를 통해 커뮤니티에 다가가 자신의 평판을 높이고 좋은 이미지를 전달할 수 있습니다. 이때는 종종 사진이나 동영상을 연출하고 필터나 보정 작업으로 이상적인 이미지를 전달합니다. 반대로 악의적인 누군가가 게시한 정보나 사진 탓에 평판이 쉽게 손상될 수도 있습니다. 이 가운데에는 성적 동영상도 있는데 매년 수십 명의 청소년을 자살로 내모는 매우 치명적인 사례가 되고 있습니다.

소셜 네트워크와 사회적 인정 욕구

소셜 네트워크에서 무엇보다 중요한 것은 사회적 인정에 대한 욕구입니다. 우리의 원초적 뇌가 가장 좋아하는 주된 욕구이지요. 소셜 네트워크의 성공은 주로 존중받고 사랑받고 사회적으로 인정받고자 하는 인간의 욕망에 힘입은 바가 큽니다.

'좋아요'나 긍정적인 댓글을 받을 때마다 뇌에서 도파민이 분비되어 보상이 주어지니, 소셜 네트워크는 사회적으로 인정받고자 하는 욕구를 자극하여 도파민 중독을 일으킵니다.

SNS는 실제로 이러한 목적으로 만들어졌습니다. 또한 나중에 페이스북의 많은 전직 경영자들이 인정했듯이 청소년들이 애플리케이션에 더욱 의존하도록 만들기 위해 계속 개선되어 왔습니다. 2017년 11월, 페이스북 창업자 중 한 명인 숀 파커는 자신이 소셜 미디어에 대한 "양심적 반대자"가 되었으며, 페이스북과 다른 기업들이 "인간 심리의 취약점을 악용"하여 성공을 거뒀다고 말하며 경각심을 불러일으켰습니다. 그러면서 "우리가 아이들 뇌를 가지고 무엇을 하고 있는지는 신만이 알고 있다."는 말을 덧붙였습니다.[36] 이 말은 한동안 웹에서 크게 회자되었습니다.

이어서 2017년 12월 캘리포니아의 이 유명 기업 부회장으로서 성장팀을 이끌던 차마스 팔리하피티야는 스탠퍼드 경영 대학원의 학생들에게 SNS를 "완전히 중단"하라고 권유했습니다. 또한 청소년들이 스스로를 안심시키기 위해 끊임없이 접속하도록 유도하여 자신의 가치에 대한 영구적인 불확실성을 조장함으로써 그들의 정신을 조작하고 파괴하는 시스템을 설계해 역효과를 낳은 것을 후회한다고 고백하기도 했습니다.[37]

신경과학 연구자인 세바스티앙 볼레는 "청소년들은 왜 사회적 문제 상황에 직면했을 때 특히 무력해지는 걸까?" 하고 질문합니다. 그 답은 청소년의 뇌가 어떤 면에서는 "순수한 선조체"이기 때문이라는 것입니다. 남자아이의 경우 15세 정도(여자아이의 경우 이보다 조금 빠릅니다)에 대량의 도파민을 분비하여 뉴런이 소통하는 배쪽피개부, 측좌핵, 배쪽창백, 꼬리핵과 같은 뇌의 중심부가 완전히 발달합니다. 그에 따라 성욕이 깨어나고 사회적 지위에 대한 문제에도 민감하게 반응하게 됩니다.[38]

중독 비즈니스

거대 웹 기업들은 사회적 인정에 대한 욕구를 이용하여 소셜 네트워크에서 청소년들의 관심을 최대한 많이 끌려고 노력합니다. 순전히 상업적인 목적으로 말입니다. 그들은 사용자의 취향과 관심사를 파악하여 타깃에 맞춘 알림과 광고를 보낼 수 있는 알고리즘 시스템을 갖추고 있습니다. 미국에서는 현재 광고 수익의 44%가 디지털 방식으로 창출되고 있으며, 구글과 페이스북이 전체 신규 광고의 3분의 2를 차지하고 있습니다.

웹 산업은 우리도 모르는 사이에 우리의 욕망, 불쾌감, 습관을 파악함으로써 막대한 수익을 창출합니다. 이를 위해서라면 그들은 수단과 방법을 가리지 않습니다. 청소년의 정신을 조작하고 파괴하는 것이더라도 말입니다. 넷플릭스가 2020년에 제작해 방송한 흥미진진한 다큐멘터리 〈소셜 딜레마〉에서 전 구글 윤리학자이자 '인도적 기술센터'의 공동 설립자인 트리스탄 해리스는 이 문제를 아주 훌륭하게 요약합니다.

"도구는 일반적으로 한쪽에 놓아두었다가 사용할 때 쓰는 경우가 많습니다. 그러면 도구는 참을성 있게 기다립니다. 당신에게 무언가를 요구하고, 당신을 유혹하고, 목적을 달성하기 위해 당신을 조종하는 한 그것은 더 이상 도구가 아닙니다. 이제는 발명품이 단순한 도구일 뿐이었던 환경에서 중독과 조작을 조장하는 환경으로 바뀌었습니다! 소셜 네트워크는 사용되기를 기다리는 도구가 아니라 고유한 목적이 있습니다. 그 목적을 달성하기 위해 그들은 당신을 상대로 심리적인 기법을 활용합니다."

대부분의 실리콘밸리 젊은 사장들은 자녀를 태블릿과 스마트폰이 금지된 학교에 보냅니다. 카리스마 넘치는 애플의 창업자 스티브 잡스는 사망 직전에 뉴욕 타임스와의 인터뷰에서 자신이 막 시장에 출시한 디지털 태블릿 '아이패드'를 자기 아들이 사용하지 못하게 했다고 고백했습니다. 우리는 이제 그 이유를 쉽게 이해할 수 있습니다. 프랑스 디지털 미디어의 선구자 중 한 명인 내 친구 브뤼노 파티노(Arte 방송사의 현 대표)는 자신의 저서 《금붕어 문명La Civilisation du poisson rouge》에서 이렇게 털어놓습니다.

> "처음에 표방했던 유토피아는 자신이 낳은 괴물들에 의해 죽어가고 있다. 자유주의자들이 무시했던 두 가지 힘, 즉 개인들의 열정이 낳은 집단적 충동과, 축적이 낳은 경제적 힘이 어떤 제약도 받지 않고 펼쳐지고 있다. 우리의 중독은 단순히 두 힘이 연결된 결과일 뿐이다. 그 둘이 서로를 먹여 살리고 서로를 강화하면서 우리의 자유를 해치는 경제적 상부구조가 우리를 중독으로 이끌고 있는 것이다."[39]

웹이 불러온 새로운 질병

에티엔 드 라 보에시*의 표현을 빌리자면, 이 "자발적 복종"에서 벗어나려면 어떻게 해야 할까요? 다시 말해 청소년들이 이런 상태에서 벗어나도록 어떻게 도울 수 있을까요? 글로벌 규제가 부재한 냉엄한 현실에서는 개인의 절제 외에 다른 대안이 없어 보입니다. 우리의 자유와 정신적, 육체적 건강에 어떤 위

---

* 1530년에 출생한 프랑스의 재판관이자 철학자. 29편의 시를 지은 시인이기도 한 그는 몽테뉴와 각별한 우정을 나눴다. 독재타도를 주장하는 《자발적 복종》을 비롯하여 그가 남긴 사상은 프랑스 혁명과 아나키즘 운동, 시민불복종 운동에 영향을 미쳤다.-옮긴이

험을 불러오는지 이해함으로써 웹에 중독되지 않도록 스스로를 제한하는 법을 배워야 합니다.

많은 심리학 연구에 따르면 SNS 중독으로 인한 피해가 상당한 것으로 나타났습니다. 특히 청소년의 경우 뇌의 과잉 활동과 관련된 주의력 및 수면 장애, '좋아요'와 댓글을 확인하기 위해 자신의 게시글에 끊임없이 접속하게 하는 자존감 문제 등의 피해가 큰 것으로 나타났습니다. 미국 질병통제예방센터에 따르면 1996년 이후 태어난 미국 청년들(Z세대) 사이에서 불안과 괴로움이 급격히 증가하고 있다고 합니다. 2009년에서 2015년 사이에 자해로 인한 여자아이들의 입원 건수는 15~19세의 경우 62%, 10~14세의 경우 189%가 급증했습니다. 자살도 마찬가지입니다. 2001~2010년과 비교하여 2009~2019년 사이에 15~19세는 70%, 10~14세는 151%가 증가했습니다. 모두 소셜 네트워크 때문이라는 것을 암시합니다.

SNS 중독과 관련된 새로운 질병들이 있습니다. 그중에 하나는 자신의 사소한 일상을 소셜 네트워크에 내보여야 한다는 강박적 욕구에서 생기는 불안 증후군입니다. 또 프로필 정신분열증과 같은 인격 장애는 개인이 여러 온라인 프로필과 정체성 사이에서 갈피를 잡지 못하는 증상입니다. 아타자고라포비아[*]

---

[*] 네트워크에서 잊히는 것에 대한 두려움. 망각공포증, 광장공포증으로 옮기기도 한다.-옮긴이

또는 젊은이들에게 매우 인기 있는 소셜 네트워크의 이름을 딴 스냅챗 이형증도 있습니다. 스냅챗 이형증은 다양한 필터를 이용하여 외모를 더 보기 좋게 만드는 데 집착하는 증상입니다. 일부 청소년들은 피부에 윤이 나게 하고, 눈의 모양과 색을 바꾸고, 반짝이 효과를 내고, 실제나 전설 속 동물의 특징을 덧붙이는 등으로 필터 효과를 통해 성형하는 데 집착합니다.

SNS는 이러한 병리적 문제뿐 아니라 다른 해로운 영향도 끼칩니다. 정보에 무분별하게 접근함으로써 생각에 혼란을 불러올 수 있는데, 이런 경우에 루머, 악담, 음모론이 번성하거나 편 가르기 식의 폐쇄적인 집단이 양산될 수 있습니다. 인터넷 시대가 열리기 전인 1983년에 이미 철학자 질 리포베츠키는 《공허의 시대 L'Ère du vide》에서 이렇게 쓴 바 있습니다.

"당장의 한정된 관심사를 공유하는 사람들 속에서 함께 어울리고자 하는 욕망. 우리는 서로 닮았기 때문에, 같은 실존적 목표에 곧바로 관심을 갖기 때문에 함께 모인다. 집단적 나르시시즘이라 할 수 있다."[40]

소셜 네트워크는 이러한 현상을 증폭시켰을 뿐입니다. 개인들이 확실성의 거품 속에 갇히도록 부추긴 것이지요. 사람들이 공통점을 중심으로 무리를 이루려 하는 성향도 있겠지만, 알고리즘이 습관과 취향에 맞춰 알림과 광고를 보내기 때문에 그러한 성향이 강화되는 것입니다. 그러면 집단 내부로는 단단히 결속하는 반면 외부에 대해서는 배척하는 태도가 자리를 잡습니다.

어떻게 벗어날 것인가

청소년들이 SNS에 중독되었을 때 여기서 벗어나도록 어떻게 도울 수 있을까요? 무엇보다도 어른들이 적당한 인터넷 사용의 모범을 보여야 합니다. 하루에도 몇 시간씩 스마트폰에 코를 박고 있는 모습을 보이면서 청소년들에게는 사용 시간을 줄여야 한다고 어떻게 설득할 수 있을까요?

부모가 자녀의 중독에 대처하는 데 도움을 주는 사이트가 점점 더 많아지고 있습니다(예: 프랑스의 lebonusagedesecrans.fr). 미국에서는 세계적으로 유명한 국제 네트워크인 학부모코치인터내셔널Parent Coach International을 설립한 미국의 전직 교사 글로리아 데게타노를 비롯하여 많은 코치와 치료사들이 특히 어린이와 청소년을 위한 '통제된 접속' 문제를 전문적으로 다루고 있습니다.

하지만 어떤 조언과 방법이 제시되든, 가장 중요하지만 간과되기 쉬운 점이 있습니다. 바로 욕망의 방향을 바꾸는 것입니다. SNS에 중독된 청소년은 사회적 인정에 대한 강한 욕구를 지닌 채 도파민에 중독되어 있습니다. 중독에서 벗어나도록 돕는 가장 확실한 방법은 단순히 중독을 끊게 하는 것이 아니라 인정과 도파민을 얻을 수 있는 활동을 하려는 다른 동기를 찾도록 돕는 것입니다.

나중에 자세히 살펴보겠지만, 철학자 스피노자는 이성과 의지의 힘만으로도 우리를 불행하게 만드는 중독이나 잘못된 욕망에서 벗어날 수 있다고 설명합니다. 하지만 그렇게 되기 위해서는 단순한 반대보다는 더 강력한 긍정적인 효과를 통해 더 큰 성취감을 얻을 수 있는 사물이나 사람, 활동으로 욕망의 방향을 바꿔야 합니다. 이성은 이러한 새로운 대상을 분별하도록 돕고 의지는 그것을 추구하도록 힘을 주지만, 변화를 주도하는 것은 욕망입니다.

저는 인터넷에 중독되어 자기 방과 화면을 떠나지 못해 우울증에 빠진 한 청년의 사례를 이야기하곤 합니다. 이웃이 청년에게 사랑스러운 작은 고양이를 선물했고, 그는 고양이에게 관심과 애정을 기울이면서 상황이 달라지기 시작했습니다. 그는 방에서 나와 정원이 내려다보이는 거실 창문을 여닫으며 고양이가 드나들 수 있도록 했습니다. 고양이에 대한 관심과 애정은 점차 그가 우울증과 중독을 벗어나는 데 도움이 되었습니다. 이러한 변화는 새로운 대상에 대한 사랑, 예술이나 스포츠 활동에 대한 열망이 동기를 부여할 때에도 생길 수 있습니다.

삶의 모든 것은 욕망과 동기와 관련이 있습니다. 욕망이 잘못된 방향으로 흘러 건강을 해치거나 우리를 슬프게 할 때, 가장 좋은 해결책은 우리에게 기쁨을 주는 대상으로 욕망의 방향을 바꾸는 법을 배우는 것입니다.

7
성적 욕망

"섹슈얼리티는 승화, 억압, 도덕 속에서 사라지는 것이 아니라
섹스보다 더 성적인 것,
즉 포르노 속에서 훨씬 더 확실하게 사라진다."
–장 보드리야르

제가 이 책을 쓰기 시작하면서 친구들에게 욕망에 대해 글을 쓴다고 말할 때마다 친구들은 매번 빠짐없이 이런 반응을 보였습니다. "아, 드디어 성에 대해 글을 쓰는구만!" 성욕은 의심할 여지 없이 가장 육체적이고 강력한 욕망입니다. 욕망에 대해 이야기할 때 대부분의 사람들이 섹스를 떠올릴 정도니까요.

이미 살펴보았듯이 섹스는 우리 뇌의 주요 1차 강화요인 가운데 하나입니다. 섹스는 자연적으로 부여된 생식 기능을 훨씬 넘어서는 인간의 주요 동기 중 하나입니다. 구글과 같은 검색 엔진에서 '섹스'라는 단어가 가장 많이 검색되며, 인류는 매년 1,360억 개 이상의 포르노 동영상을 소비하고 스마트폰

사용자 1인당 평균 348개의 동영상을 시청합니다. 인터넷에서 매일 시청하는 동영상 중 3분의 1이 성적인 내용을 담고 있습니다.

프 로 이 트 의 리 비 도

따라서 프로이트가 성이 인간을 움직이는 주요 원동력이라고 한 것은 완전히 틀린 말은 아닙니다. 프로이트 이전의 과학자들도 이미 인간 활동에서 성의 결정적인 역할을 강조했지만 그들은 진화론적, 생물학적, 해부학적 관점에서 연구했습니다. 1905년에 《성욕에 관한 세 편의 에세이》(열린책들, 2020)를 출간한 이 유명한 비엔나 의사는 성의 정신적 차원을 최초로 고려하고 그것을 인간 활동의 본질로 삼았습니다.

프로이트는 리비도*라는 개념을 통해 성적 충동의 매우 큰 다양성과 수많은 표현들에 대해 설명합니다. 즉, 다양한 단계(구강기, 항문기, 남근기, 생식기)를 지나는 유아기 성욕, 정신적 갈등의 근원으로서의 성욕, 자기애적 차원, 양성애 같은 것들입니다. 그는 심지어 리비도를 삶의 충동과 동일시한 반면 죽음의 충동과는 반대편에 위치시켰습니다. 프로이트의 주요 제자

---

* 정신분석학에서 말하는 성욕이나 성적 충동. 프로이트의 기초 개념이지만 칼 융은 이를 성적 본능만이 아니라 모든 본능의 에너지, 즉 생명 에너지로 해석했다.─옮긴이

들은 결국 그의 성 이론에 이의를 제기하게 됩니다.

프로이트의 후계자인 스위스 정신과 의사 칼 구스타프 융은 프로이트가 자신의 성 이론을 진정한 '교리'로 만들려고 했다고 비판하며 여러 면에서 프로이트와 거리를 두었습니다. 그는 오이디푸스 콤플렉스와 근친상간 욕망에 대한 의견을 거부하고 대부분의 신경증은 성적 기원이 없다고 주장했습니다. 리비도를 오직 성적 충동과 동일시하는 것을 거부했던 것입니다. 그에게 리비도는 자발적인 '충동'으로서, 인간을 성적 욕망뿐만 아니라 인정받고자 하는 욕망이나 정신적 성취를 이루고자 하는 욕망으로 이끄는 생의 약동입니다. 이 책의 3부에서 욕망과 생의 약동에 대한 융의 이론을 더 자세히 다룰 것입니다.

이처럼 프로이트는 성적 충동을 지나치게 강조하여 모든 신경증과 모든 인간 활동의 주된 원인으로 보았습니다. 그렇긴 해도 그가 성적 충동의 중요성을 강조하고 특히 상상, 감정, 환상의 작용을 통해 순전히 생물학적 차원으로 환원될 수 없는 성욕의 정신적 차원을 조명한 업적을 부정할 수는 없습니다. 그는 또한 당시 아직 초기 단계에 머물러 있던 생물학과 뇌 연구가 인간의 성에 대한 이해를 상당히 풍부하게 할 수 있을 것이라고 예견하기도 했습니다. 1920년에 그는 이렇게 썼습니다.

"생물학은 참으로 무한한 가능성의 분야이다. 우리는 생물학에서 가장 놀라운 통찰력을 얻을 수 있을 것으로 기대해야 한다. 하지만 우리가 던지는 질문에 그 학문이 어떤 답을 줄지 짐작할 수는 없다."[41]

성적 욕망의 생물학

한 세기가 지난 지금, 생물학의 엄청난 발전과 인지과학의 새로운 기여 덕분에 인간의 성이 어떻게 기능하는지에 대해 훨씬 더 잘 이해할 수 있게 되었습니다. 우리는 성적 욕망의 경로가 되는 신경회로를 알고 있으며, 뇌영상 기술을 통해 성적 욕망과 자극에 관련된 뇌의 영역을 분석할 수 있게 되었습니다. 또한 성욕(도파민, 세로토닌)이나 사랑(옥시토신, 바소프레신)에 관련된 화학물질도 확인할 수 있게 되었습니다. 예를 들어, 옥시토신은 사랑하는 사람에 대한 애정을 더욱 키우고, 바소프레신은 한 명의 파트너(일부일처제)에 대한 애착을 촉진하는 경향이 있습니다.

프랑스 생물학자 세르주 스톨레뤼는 성적 흥분의 네 가지 주요 구성 요소를 밝혀냈습니다.

"인지적 요소는 특정 자극을 성적인 것으로 간주하고 그 자극에 주의를 기울이도록 작용한다. 동기부여 요소, 즉 성욕 자체는 매력을 느끼는 대상을 향해 우리가 움직이게 한다. 감정적 요소(즐거움, 불안함 등)와 신체적 요소(생식기, 호르몬 반응 등)도 있다. 억제 메커니즘이 이 현상들을 제어한다. 마지막으로, 이러한 구성 요소는 주관적인 측면과 신경적인 측면을 모두 가지고 있다. 주관적 측면은 우리가 경험하는 것, 즉 현상학에 해당한다. 신경적 측면은 이러한 경험의 기초이다.”[42]

생물학과 심리학의 만남

성욕은 우리의 육체, 뇌, 감정, 정신을 동원합니다. 스피노자의 훌륭한 제자인 세르주 스톨레뤼는 욕망의 심리적 차원을 부정하지 않습니다. 나아가 인간의 성욕은 몸과 마음을 모두 포함하므로 생물학적이고 심리학적인 이중 차원을 통해서만 이해할 수 있다는 ‘일원론적’ 관점을 옹호합니다. 성욕을 신경과 생물학적 차원으로만 축소하는 것은 성욕을 심리학적 차원으로만 보는 것만큼이나 터무니없는 일입니다. 종족의 생존을 위한 (대개 무의식적인) 충동부터 감정과 뇌의 화학작용을 통해 펼쳐지는 문화, 금기, 당사자의 내력과 관련된 매우 다양한 표현과 환상에 이르기까지 많은 요인이 성욕에 영향을 미칩니다.

프로이트와 스톨레뤼에 따르면, 이러한 모든 구성 요소를 서로 분리할 수 없는 두 가지 측면으로 나눌 수 있습니다. 주관적이고 정신적인 측면(우리가 경험하는 것)과 뇌의 물질과 기능으로 구현되는 신경적인 측면입니다. 따라서 성과 사랑의 욕망은 정신적, 대뇌적, 심리적, 생물학적 현상입니다. 그러나 프로이트와 달리 저는 욕망에 항상 성욕이 개입된다고 생각하지 않습니다. 사랑의 욕망은 때때로 성적인 충동이 동원되지 않고도 생겨나며 또 지속될 수 있다고 생각합니다.

프로이트는 성이 매우 금기시되던 사회와 역사 속에서 성에 대한 이론을 발전시켰습니다. 그의 주요 논지는 성욕은 대상 자체(우리가 원하는 사람)보다 금지에서 비롯된 결핍이 만들어낸 환상에 더 많이 기인한다는 것입니다. 한 세기가 지난 지금, 성 해방 운동이 펼쳐지면서 우리의 성에 대한 표현과 습관을 뒤흔들어 놓았습니다. 프로이트의 초자아 개념(도덕률의 내면화)도 상당히 진화했으며, 오랫동안 종교적, 문화적 금지에 의해 방해받기도 하고 북돋아지기도 했던 성욕은 더 이상 과거와 같은 방식으로 발현되지 않습니다.

19세기와 20세기 초의 소설들은 성욕이 종종 (우리가 위반하기를 꿈꾸는) 금지된 것에, 그리고 살짝 드러난 속살이나 가슴 언저리를 엿보는 것과 같은 아무것도 아닌 것이 불러일으키는 상상에 얼마나 많이 연결되어 있는지를 보여줍니다. 한 세기도 채 되지 않아 우리는 살짝 가려져 있고 닿기 어렵기 때문에 오히려 욕망을 불러일으키는 에로티시즘에서 모든 것이 노출되어 보이고, 접근 가능하고, 즉시 소비할 수 있는 포르노로 옮겨왔습니다. 포르노는 극도의 가시성과 접근성으로 에로틱한 환상을 죽이고 성욕이 지닌 잠재력을 육체를 소비하는 욕구로 변질시킨 게 아닐까요?

사랑의 열정과 자기도취적 사랑

앞서 살펴본 바와 같이 성욕은 단순히 생리적 욕구의 충족이나 번식만을 목적으로 하지 않습니다. 성욕은 감정이나 느낌, 환상, 전이 현상 등과 같이 복잡한 정신적 역동성과 함께 어우러져 존재하고 펼쳐집니다.

정신분석학에서는 특히 해결되지 않은 어린 시절의 문제와 관련된 욕망의 세계가 강조됩니다. 따라서 우리가 지나온 내력이 우리의 성욕을 결정하고, 이 성욕은 다시 애정 관계를 강하게 조건 짓습니다. 다시 말해서 대개는 성욕이 애정 관계의 원천이 된다는 것입니다. 우리는 처음에 육체적 매력에 끌려 어떤 사람에게 관심을 갖고 애착을 갖게 됩니다. 결혼이 여전히 가족이 주도하여 성사되는 일부 전통사회를 제외하고, 오늘날 대다수의 부부는 의식적이든 무의식적이든 성욕에 기초하여 맺어집니다. 하지만 시간이 지남에 따라 성욕은 약화되어 많은 부부가 헤어지거나 부부관계 바깥에서 성생활을 계속 영위할 수 있도록 '조정arrangements'이 이루어집니다(간통, 부부 중 한 명이 나 모두가 동의하는 성적 자유, 부부 교환 등).

우리는 누군가를 처음 만나면 무의식적으로 그에게 많은 것을 투영하고 이상화하며 온갖 기대를 품게 됩니다. 흔히 사랑에 눈이 멀었다고들 말하죠. 하지만 저는 눈이 멀게 만드는 것은 성욕이라고 말하고 싶습니다. 성욕이 없는 우정의 관계에서는 이런 일이 거의 일어나지 않으니까요. 성욕도 결핍을 먹고 자라며, 때로는 상대방의 욕망을 다시 불러일으키기 위해 결핍을 키우기도 합니다.

철학에서 우리가 '사랑의 열정'이라고 부르는 것은 이러한 모든 복잡한 감정을 겪는 상태입니다. 우리는 냉철한 존재가 아니라 상상력, 사회적이고 심리적인 조건, 감정의 포로입니다. 우리의 욕망은 강렬하지만 우리는 결핍, 상대방을 잃을지도 모른다는 두려움, 더 이상 원하는 존재가 아니게 될 수도 있다는 불안 등으로 고통받기도 합니다. 그러면 집착과 질투가 생기기 시작합니다.

그리고 사랑의 열정은 대개 빨리 식어버립니다. 일상이 시작되면서 성욕이 잦아들기 때문일 수도 있고, 질투로 벌어진 극적인 상황 때문일 수도 있고, 내가 상상했던 사람이 아니라는 것을 알게 되어 실망해서일 수도 있습니다. 프레데릭 베그베데가 "사랑은 3년 동안 지속된다"고 한 것은 진정한 사랑이 아니라 강렬한 성욕과 연결된 사랑의 열정에 대해 이야기한 것입니다. 하지만 저는 그가 상당히 낙관적으로 바라봤다고 생각합니다!

프로이트는 또한 욕망으로서의 사랑에 대해 나르시스적 차원을 강조했습니다. 상대방이 나를 닮았기에 그를 앞에 두고서 나를 사랑할 수 있다는 것이죠. 하지만 상대방이 내 모습을 더이상 만족스럽게 반영해서 보여주지 못하면 더는 그를 원하지 않게 되어 떠나게 됩니다. 우리는 또한 그 사람 자체보다 우리 자신의 욕망이나 상대방의 욕망을 더 사랑할 수도 있습니다! 하지만 무엇보다도 상대방에게 욕망을 느끼거나 상대방이 나에게 욕망을 느끼는 것이 필요합니다. 만약 이러한 욕망이 사라지면 우리는 다른 사람을 향하게 됩니다.

이 책의 3부에서 사랑의 열정과 나르시스적 욕망에서 벗어나 더 깊고 지속적인 기쁨의 원천인 진정한 사랑으로 나아가는 길을 살펴볼 것입니다.

포르노, 성과, 나르시시즘 그리고 욕망의 고갈

제가 보기에 현대의 성적 욕망에는 세 가지 경향이 함께 존재하는 것 같습니다. 우선 한국 철학자 한병철이 '동일성의 지옥'이라고 부르는 것입니다. 타자성이 사라지고 타자가 나르시스적 거울의 대상으로 전락하는 상황입니다. 두 번째는 다른 무엇보다도 오직 성행위 자체와 쾌락을 추구하는 문화입니다. 수십 년 사이에 우리는 도덕적, 종교적 금지와 연결된 초자아에서 성과performance와 연결된 초자아로 옮겨왔습니다. 과거의 혼외 성적 쾌락 금지 명령이 "침대에서 능력을 발휘해서 최대한의 쾌락을 누려야 한다"는 명령으로 대체된 것입니다. 마지막으로, 우리는 특히 젊은 세대 사이에서 성욕이 고갈되는 것을 목격하고 있습니다. 이 세 번째 경향은 앞의 두 경향의 결과일 가능성이 높습니다.

1983년에 프랑스 사회학자 장 보드리야르가 이미 이렇게 쓴 바 있습니다.

"섹슈얼리티는 승화, 억압, 도덕 속에서 사라지는 것이 아니라 섹스보다 더 성적인 것, 즉 포르노 속에서 훨씬 더 확실하게 사라진다."[43]

그에게 포르노의 세계적 성공은 성적 해방의 산물이기보다는 신체를 포함한 모든 것을 상품화하여 노출과 소비의 대상으로 전락시킨 자본주의의 승리를 뜻합니다. 한병철은 보드리야르의 작업을 이어받아 에로티시즘에서 포르노로, 위반해서는 안 되는 금지에서 절대적 허용으로, 기대와 상상으로 키우는 욕망에서 즉시 충족되어야 할 충동으로 전환하는 것이 성적 관계와 사랑에 있어서 타자성의 종말을 드러내는 신호임을 보여주려 했습니다. 타자는 소비와 나르시시즘의 대상으로 축소되고 맙니다.

> "타자를 향한 욕망은 동일자에게 느끼는 안락함으로 대체된다. 사람들이 추구하는 것은 동일자의 편안한 내재성, 편하게 늘어져 있는 내재성이다. 오늘날의 사랑에는 어떤 초월성도, 어떤 위반도 없다. […] 에로스는 공감만이 가능한 타자, 즉 나의 지배 영역에 포섭되지 않는 타자를 향하는 것이다. 따라서 점점 더 동일자의 지옥을 닮아가는 오늘의 사회에서는 에로스적 경험도 있을 수 없다. 에로스적 경험이란 타자의 비대칭성과 외재성을 전제로 하기 때문이다."[44]

이러한 철학적 분석은 최근의 사회학적 관찰, 즉 많은 서양 청년들의 성욕 고갈로 잘 설명될 것 같습니다. 이와 관련하여 프랑스의 여론조사 기관인 IFOP가 2022년 2월 프랑스 청년 1,000명을 대상으로 설문조사를 실시했습니다. 그 결과 15~24세 청년의 43%가 지난 12개월 동안 성관계를 갖지 않았고, 44%는 한 명의 파트너와만 성관계를 가졌다고 밝혔습니다. 이는 포르노 소비와 손쉽게 이용할 수 있는 데이트 앱에 의해 조장되는 젊은이들의 자유분방한 성생활이라는 선입견과는 거리가 먼 결과입니다.

이러한 수치에 흥미를 느낀 〈르 몽드〉의 두 기자, 로렌 드푸셰와 소피아 피셰르가 2022년 7월 9일에 주목할 만한 설문조사를 발표했습니다. 해당 연령의 젊은이들과, 많은 사람들의 증언을 바탕으로 이 주제에 관해 책을 쓴 인스타그램 인플루언서들을 대상으로 실시한 조사입니다.

여기서 중요한 두 가지 시사점을 발견할 수 있습니다. 첫째로, 섹스가 무섭다는 것입니다. 남자들은 만족스러운 섹스를 하지 못할 것이라는 생각 때문에 두려워합니다. 많은 청년들이 "제대로 해내지 못한" 첫 경험의 트라우마, 즉 파트너에게 충분한 즐거움을 주지 못했거나 스스로도 즐거움을 느끼지 못했던 것에 대한 두려움을 이야기합니다. 반면에 여자들은 정상적으로 즐기지 못할 것이라는 걱정과 폭력에 대한 두려움이 컸습니다. 많은 여자들이 피해 경험이 있었던 것으로 보입니다. 그 때문에 강제적인 성관계나 성행위(예:구강성교)를 무릅쓰기보다는 순결을 더 선호했습니다.

청년들은 두려움뿐만 아니라 성 소비주의에 대한 혐오감도 표출했습니다. 24세의 잔느는 이렇게 말했습니다. "데이트 앱은 우버이츠의 섹스 버전인 것 같아요. 금세 싫증이 납니다. […] 나는 이제 불꽃같은 특별한 경험을 원합니다. 하지만 그런 경우는 드물어서 아무 일도 일어나지 않아요." 또 23세의 동성애자 카메론은 자신이 갇혀 있던 소비적인 성 패턴에서 벗어나고 싶다고 말했습니다. "전 두 번째 첫 만남을 원해요. 하지만 이번에는 제 자신에게 더 귀 기울이고, 상대를 알아가는 시간을 충분히 갖고 싶어요. 데이트를 하면서 제가 좋아하는 것, 저에 대해 이야기할 거예요. 그러면서 서서히 우리만의 무언가를 만들어 가고 싶습니다."

요컨대, 포르노 공식 따르기와 섹스 능력에 대한 숭배에 넌더리나거나 짓눌린 많은 젊은이들이 성욕이 지닌 힘을 재발견하거나 그렇게 하려고 노력하고 있습니다. 성욕은 상상력, 기대, 공모, 감정, 사랑, 그리고 (프로이트 이론이 환원적이긴 하지만) 의심할 여지 없이 금지된 것과 연결된 환상에서 더 많은 자양분을 얻기 때문이지요. 다시 말해, 그런 노력을 통해 독특하고 신비로우며 감동적인 면모를 지닌 타인과 타자성을 여실히 재발견하게 됩니다.

보드리야르가 아주 잘 이해했듯이, 포르노와 육체 소비 속에서 성욕은 결국 사라져 갑니다. 반대로 성욕은 암시, 상상력, 진실한 만남의 마법, 그리고 거기에서 비롯되는 모든 감정과 느낌의 에로티시즘을 통해 다시 태어납니다. 강렬한 욕망을 불러일으키기 위해서는 그 만남이 길든 짧든, 환상적이고 열정적인 것이든 깊고 진실한 것이든 크게 상관없습니다. 욕망의 첫

번째 단계에서 중요한 것은 육체뿐만 아니라 쾌락의 유일한 대
상이 될 사람과 관계 맺는 일에 나서는 것입니다.

성 과 애 정 관 계 의 재 창 조

　일반적으로 점점 더 많은 청년들이 사회가 제시하는 모든 성
의 표준 모델에서 벗어나고 싶어 합니다. 그것이 이성애든 동
성애든, 포르노와 섹스 능력이든 로맨스든, 충실함이든 불륜이
든 말입니다. 그들은 연속적인 시도, 다자간 연애, 안정적인 커
플 관계, 동성애 또는 이성애 등 다양한 모델을 옮겨 다니거나
시도하면서 무엇이 되었든 자신에게 맞는 것을 탐색하고 있습
니다. 그 결과 점점 더 많은 청년들이 자신을 범성애자, 즉 성
별이나 젠더에 관계없이 누구에게든 성적 매력이나 애정을 느
낄 수 있는 사람으로 생각하고 있습니다.

　우리는 또 순전히 육체적인 섹스와 낭만적 사랑 사이의 분리
현상을 점점 더 자주 목격하고 있습니다. 우리는 꼭 성적 욕망
을 느끼지 않더라도 누군가를 사랑하는 반면 어떤 때는 애정 없
는 육체적 관계를 경험합니다. 요컨대, 섹스와 사랑에 대한 욕
망은 재구성되는 과정에 있으며, 섹스 능력과 소비라는 최근의
경향을 포함하여 모든 지배적인 사회 패턴에서 벗어나는 중입
니다.

2부

⋮

욕망의 통제

1

아리스토텔레스와 에피쿠로스
: 절제의 지혜

> "필요한 것은 쉽게 닿을 수 있고
> 닿기 어려운 것은 필요하지 않게 만든
> 은혜로운 자연에 감사한다!"
>
> – 에피쿠로스

1부에서는 우리의 원초적 뇌가 어떻게 기능하는지와 결핍으로서의 욕망이라는 플라톤적 개념에서 출발하여, 이러한 형태의 욕망이 초래할 수 있는 막다른 골목과 함정(끝없는 불만, 비교, 질투, 시샘, 중독 등)에 대해 살펴보았습니다. 요컨대, 선조체에서 시작되고 결핍으로 동기가 부여된 욕망은 큰 쾌락으로 이어질 수도 있지만 종종 욕구불만, 권태, 우울, 불행으로 이어지기도 합니다. 또한 파괴적인 충동, 탐욕, 치명적인 질투, 증오에 찬 시기심 등으로 관계에 심각한 문제를 일으킬 수도 있습니다.

그렇기에 모든 위대한 종교뿐만 아니라 고대 그리스나 인도의 철학자들도 인간의 욕망을 규제하고, 제한하고, 통제하려고 노력했습니다. 이러한 다양한 지혜의 흐름들은 철학을 영혼의 치료약으로 여기면서 다소 금욕적인 방식으로 치유할 것을 권했습니다. 그리고 바로 이 지점에서 서로 다른 견해가 맞서기도 합니다.

고대 세계의 위대한 지혜의 흐름 중에서 저는 욕망이나 욕망이 가져다주는 쾌락을 문제시하지 않으면서 이성을 통해 욕망을 통제해야 한다고 주장하는 사람들과, 욕망 자체가 문제이며 심신의 수련을 통해 욕망을 제거하거나 근본적으로 변화시켜야 한다고 주장하는 사람들을 구별하고자 합니다. 매우 급진적인 입장인 두 번째 흐름, 특히 불교와 스토아 철학을 살펴보기 전에 첫 번째 흐름을 대표하는 철학자인 아리스토텔레스와 에피쿠로스의 윤리 사상을 검토해보겠습니다.

아리스토텔레스와 행복한 삶

마케도니아 스타기라에서 태어난 아리스토텔레스는 아테네로 건너와 플라톤이 세운 학원인 아카데미아에서 20년 동안 그의 가르침을 받았습니다. 그런 다음 마케도니아의 왕 필리포스의 부름을 받아 그 아들의 가정교사가 되었습니다. 그 아들이 바로 훗날 알렉산더 대왕이 되었죠. 이후 기원전 335년 아테네로 돌아와 49세에 자신의 철학학교인 리세움Lyceum을 설립합니다. 아리스토텔레스는 생물학과 물리학, 시와 수사학, 수학, 그리고 천문학과 형이상학에도 관심이 많았습니다. 이 중 지금까지도 가장 많은 관심을 받고 활발히 참조되는 분야는 의심할 여지 없이 윤리철학에 관한 그의 연구입니다.

아리스토텔레스는 욕망의 문제를 플라톤과는 달리 결핍의 프리즘을 통해 바라보지 않습니다. 그는 《영혼에 관하여》(아카넷, 2018)에서 욕망이 인간의 유일한 원동력이라고 설명합니다. "지성은 욕망 없이는 움직이지 않는다는 것이 분명하다." 반면에 욕망은 "이성적 사유 없이도 움직일 수 있다."고 말합니다. 따라서 "단 하나의 원동력은 욕망하는 능력"[45]입니다.

그렇기에 아리스토텔레스는 욕망을 문제로 보지 않았을 뿐더러 그의 저서 《형이상학》(도서출판 길, 2017)을 다음과 같은 문장으로 시작합니다. "모든 인간은 본성적으로 알고자 하는 욕망을 가지고 있다." 결국 이러한 욕망 덕분에 철학이 탄생한 것입니다. 따라서 욕망은 지적 측면을 포함하여 우리 존재의 원동력이며, 아리스토텔레스는 이를 명료하게 정리한 최초의 철학자입니다.

욕망하는 능력을 지닌 이 욕망하는 영혼은 고유한 하나의 존재이며 다른 능력을 지닌 영혼과는 구별됩니다. 그렇다고 해서 영혼의 다른 능력, 예컨대 감각, 상상력, 사고와 같은 숙고하는 이성적 영혼이 지닌 분별 능력의 관여 없이도 욕망하는 대상을 결정할 수 있음을 의미하지는 않습니다.[46] 즉, 인간의 욕망은 항상 생각, 이미지 또는 감각과 연관되어 있으며, 그 때문에 우리가 특정 대상을 향해 욕망할 수 있는 것입니다. 그 결과 때때로 영혼의 서로 다른 능력에 의해 주도되는 두 가지 모순된 욕망 사이에서 내적 갈등이 발생합니다.[47] 예를 들어, 시각의 자극이나 상상에 이끌려 어떤 사람과 성관계를 갖고 싶어지지만 진지한 생각 끝에 반대의 욕망이 생겨날 수도 있는 것처럼요. 아리스토텔레스는 자제력이 없는 사람에 대해선을 원하지만 다른 것 심지어는 반대의 것을 바라는 사람으로 묘사합니다.

아리스토텔레스에 따르면 행복을 추구하는 윤리에는 욕망들 사이의 모순에서 생기는 내적 갈등을 해결하는 능력이 포함됩니다. 주로 감각적인 욕망에 이끌리는 어린아이에게는 복잡한 것도 어른에게는 단순할 수 있습니다. 어른은 이성적 차원이 더 강하고, 이성이 선하다고 생각하는 것을 욕망하는 영혼에게 전하는 것이 더 쉽기 때문입니다. 이는 이성적 욕망으로 향하는 능력입니다. 이 능력 덕에 우리와 욕망 사이의 관계를 수정하고 우리의 감각적인 욕망(충동, 감각적 욕구)을 조절하면서 억제하거나 연기하거나 포기하게 되는 것이지요. 이성적 욕망으로 향하는 능력은 또한 우리가 가장 중요하게 생각하는 가치의 우선순위를 정하고 인생을 장기적으로 설계하고 계획할 수 있게 해줍니다. 해마다 연초에 '새로운 결심'을 하고 무언가를 소망하는 것도 바로 이 때문입니다.

따라서 이성과 연결되어 우리의 욕망하는 영혼에서 흘러나오는 이 소망으로서의 욕망은 삶의 윤리를 이끄는 원동력입니다. 우리는 이 윤리에 의지하여 우리 존재의 목적인 행복에 도달하기 위한 최선의 방법과 경로를 찾을 수 있습니다. 아리스토텔레스는 《니코마코스 윤리학》에서 이렇게 말했습니다. "행복은 우리가 항상 그 자체로 추구하는 유일한 목표이다. 따라서 행복은 다른 어떤 목적도 갖지 않는다."[48] 곧 에피쿠로스에게서 보게 되겠지만 아리스토텔레스는 쾌락 없이는 행복한 삶도 있을 수 없다고 생각했습니다. 쾌락은 행복의 근간이며, 우리의 모든 욕망은 쾌락이 동반되는 만족을 추구하는 경향이 있습니다.

하지만 쾌락에는 위계가 있습니다. 아리스토텔레스는 사랑과 우정에서 오는 마음의 쾌락, 그리고 무엇보다도 그가 신적 속성으로 간주했던 지식과 명상에서 오는 마음의 쾌락이 섹스, 음식으로 충족되는 신체의 쾌락보다 우월하다고 생각했습니다. 그러한 마음의 쾌락이 우리 존재의 가장 동물적이지 않으면서 가장 인간적인 부분과 관련되어 있기 때문입니다. 그래서 그는 《니코마코스 윤리학》의 마지막 부분에 이렇게 썼습니다. "그러므로 인간의 고유성은 정신적 삶에 있다. 정신이 본질적인 인간을 구성하기 때문이다. 또한 그러한 삶은 완벽하게 행복하다."[49]

따라서 이성적 욕망을 통해 우리는 가장 인간적이면서 고상한 욕망을 향해 점차 나아갈 수 있습니다. 5세 무렵에는 잼이나 초콜릿이, 15세 무렵에는 섹스와 사회적 인정이 주된 욕망의 대상이 될 수 있지만, 중년기에는 우정과 정신적 삶이 욕망의 중심이 되어야 합니다. 성인은 감각적이거나 사회적으로 얻는 쾌락만으로는 충분히 만족할 수 없기 때문입니다. 게다가 쾌락이란 일시적이어서 끊임없이 자극이 필요하며 도덕적인 제한이 없기 때문에(학대자는 희생자에게 고통을 주는 데서 쾌락을 느낍니다) 아리스토텔레스는 쾌락이 삶의 유일한 지침이 될 수 없다고 단언합니다.

이성은 또한 쾌락을 분별하여 우선순위를 잡고 그것에 질서를 주며 행복의 원천인 덕 있는 삶을 살도록 우리를 이끕니다. 아리스토텔레스는 미덕을 두 극단의 악덕 사이의 '중용'이라고 정의합니다. 예를 들어 용기는 비겁함과 무모함 사이의 중용입니다. 절제는 폭식과 금욕 사이의 중용입니다. 관대함은 인색함과 방탕함 사이의 중용입니다. 따라서 이러한 치우침 없음이 중용 윤리의 기초가 됩니다. 선을 목표로 삶을 다스리고자 하는 사람은 스페우시푸스*를 비롯해 아리스토텔레스와 동시대의 아테네 철학자들이 주장한 금욕적인 삶과 쾌락의 포기를 포

---

* 고대 그리스 플라톤학파의 철학자이자 플라톤의 조카. 플라톤 사후에 아카데미아를 물려받아 원장이 되었다.-옮긴이

함하여 과잉을 피하는 법을 배워야 합니다.

아리스토텔레스는 또한 우리가 실천을 통해 미덕을 개발하고 강화한다고 말합니다. 쇠를 벼리며 대장장이가 되는 것처럼, 덕을 실천함으로써 덕 있는 사람이 된다고 그는 설명합니다. 구체적으로 말하자면, 우리는 용기 있는 행동을 함으로써 용감해지고, 정의로운 행동을 함으로써 정의로운 사람이 되며, 절도 있는 행동을 함으로써 절도 있는 사람이 되고, 겸손한 행동을 함으로써 겸손한 사람이 됩니다. 덕 있는 작은 행동 하나하나가 우리를 단련시키고 점차적으로 우리 안에 덕성을 뿌리내리게 하는 습관, 즉 영혼의 습관을 만들어냅니다. 이렇게 되기 위해 이성의 덕목인 실천적 지혜(프로네시스)에 의존하는데, 이는 선한 것을 분별하는 데 도움을 줄 뿐 아니라 행복을 추구하고 정의롭게 행동하기 위해 덕을 쌓도록 스스로 선택할 수 있게 합니다. 앞서 대부분의 사람이 모순된 욕망들 사이에서 갈등한다고 했지만, 이성이 선하다고 생각하는 것에 모든 욕망이 맞춰져 있는 덕 있는 사람의 경우에는 그렇지 않습니다.

나아가 아리스토텔레스는 이성뿐 아니라 욕망 없이는 행복한 삶이나 도덕적인 삶이 있을 수 없다고 생각했습니다. 이성을 움직이게 하는 것은 우리의 욕망하는 영혼이며 선을 향해 나아갈 힘을 주는 것은 우리의 의지이기 때문입니다.

에피쿠로스, 절제의 힘

아리스토텔레스가 아카데미아에 입학하여 활동한 시기에서 수십 년이 지난 기원전 306년에 또 다른 철학자 에피쿠로스는 35세의 나이에 아테네에 새로운 학교인 '정원庭園'을 설립합니다. 에피쿠로스는 형이상학적인 측면에서는 근본적으로 아리스토텔레스에 반대됩니다. 그는 신성한 원리의 존재나 영혼의 불멸을 믿지 않았고, 분리할 수 없는 원자들로 구성되는 유물론적 실체 개념을 데모크리토스에게서 차용했습니다. 반면 에피쿠로스는 행복을 목표로 하는 윤리 철학을 발전시켰는데, 이는 쾌락과 절제에 기반을 둔 아리스토텔레스의 철학과 여러 면에서 매우 유사합니다.

에피쿠로스는 지극히 실용적인 질문으로 시작합니다. "모든 욕망에 대해 우리는 스스로에게 다음과 같은 질문을 던져야 한다. 내가 그것을 충족시키면 나에게 어떤 이점이 생기고, 충족시키지 않으면 어떤 일이 일어날 것인가?"[50]

이렇게 실제적인 관점 아래에서 이 아테네 철학자는 여러 유형의 욕망을 구별했습니다. 우선 먹고, 마시고, 입고, 거주하는 등의 자연스럽고 필요한 욕망이 있는데, 이는 욕구와 같다고 할 수 있습니다. 그 다음으로는 고급스러운 음식, 아름다운 옷, 편안한 집 등 자연스럽지만 꼭 필요하지 않은 욕망도 있습니다. 마지막으로 사치, 명예, 권력, 명성 등 자연스럽지도 필요하지도 않아 넘친다고 할 만한 욕망이 있습니다.

에피쿠로스는 행복해지기 위해서는 자연스럽고 필요한 욕망을 추구하는 것만으로 충분하다고 주장합니다. 자연스럽지만 필요하지 않은 욕망은 추구할 수는 있지만 초연함을 함께 가져야 합니다. 그리고 자연스럽지 않은 욕망, 특히 얻기 어렵고 걱정과 좌절을 불러오는 명성과 부에 대한 욕망은 추구하지 않는 것이 바람직합니다. 에피쿠로스는 격정적으로 말했습니다. "필요한 것은 쉽게 닿을 수 있고 닿기 어려운 것은 필요하지 않게 만든 은혜로운 자연에 감사한다!"[51]

에피쿠로스와 그의 윤리 철학에 대한 오해가 오랫동안 이어져왔습니다. 가능한 한 많고 강렬한 감각적 쾌락을 추구하는 삶에 대한 철학이라고 생각하는 것이지요. 이런 오해는 에피쿠로스가 살던 시대로까지 거슬러 올라갑니다. 그의 '정원'이 감각의 방탕함을 좇는 장소라고 주장하며 그의 명예를 실추시키려 했던 반대파의 비판이 큰 영향을 미쳤습니다. 하지만 사실은 전혀 그렇지 않습니다! 에피쿠로스는 그의 유명한 '정원'에서 몇몇 친구와 제자들과 함께 소박하지만 맛있는 식사를 하며 철학을 논하는 것을 좋아했습니다. 기본적으로 그는 우호관계의 질, 음식과 음료의 질, 삶의 질 등 모든 것에서 양이 아닌 질을 추구하는 것을 적극 권장합니다. 쾌락을 추구하지만 그 쾌

락이란 단순하고 접근하기 쉬우면서도 질 높은 것이어야 한다
고 말이죠.

에피쿠로스가 삼았던 궁극적인 기준은 선, 쾌락 그리고 최고
의 선인 행복과 관련된 욕망의 유용성, 즉 깊고 지속적인 쾌락
입니다. 그리고 우리는 이성의 힘을 통해 이러한 쾌락을 구별
해낼 수 있습니다. 그는 이렇게 말했습니다.

> "쾌락은 행복한 삶의 근원이자 목적이다. 그렇다고 해서 우리
> 가 모든 쾌락을 선택하는 것은 아니다. 쾌락이 우리 마음을 불
> 편하게 만들 때 우리는 쾌락을 내버리는 경우도 꽤나 있다."[52]

아리스토텔레스에 이어 그 역시 실천적 지혜, 즉 프로네시스
가 어떤 욕망을 추구하면 좋고 어떤 욕망은 버리는 것이 나은
지 분별하는 데 도움이 된다고 주장합니다. 이러한 지혜를 통
해 일시적인 고통(예:고통스러운 치료를 받는 것)이 지속적인 쾌락
(건강)으로 이어질 것이라는 것을 안다면 때때로 일시적인 고통
을 선호하게 되는 것이지요. 또한 일시적인 쾌락(과식이나 과음)
이 지속적인 고통(질병)으로 이어질 수 있다는 점을 깨닫는다면
그 쾌락을 좇지 않을 수도 있습니다.

따라서 실천적 지혜는 우리의 욕망을 분별하고 때로는 욕망
을 제한하거나 포기할 수 있게 해주는 지적인 덕목입니다. 분

별과 절제는 에피쿠로스 사상의 핵심입니다. 비록 그 사상이 항상 쾌락과 행복을 추구하는 것을 목표로 했다고 해도 말입니다. 우리의 욕망을 다스리는 이성에 대해 에피쿠로스의 위대한 로마인 제자 루크레티우스는 이렇게 말하기도 했습니다. "진실하고 순수한 쾌락은 방황하는 불행한 이들이 아니라 이성적인 영혼의 특권이다."[53]

2

스토아 철학과 불교
: 욕망에서 자유로워지기

"세상 사람들은 결핍을 느끼며 간절히 욕망한다.
그들은 갈증의 노예이다."
– 붓다

고대 세계의 모든 지혜의 흐름은 욕망과 그에 대한 조절 문제와 관련이 있습니다. 그러나 욕망을 분별하고 조절할 수 있는 이성 덕분에 쾌락 추구(헤도네)와 행복 추구(에우다이모니아)가 하나로 모일 수 있다고 보는 아리스토텔레스와 에피쿠로스의 관점에 모든 사람이 동의하는 것은 아닙니다. 어떤 흐름은 훨씬 더 근본적으로 들어가서 욕망 자체가 문제라고 생각합니다. 특히 동서양을 대표하는 두 가지 주요한 지혜의 흐름인 불교와 스토아 철학에서 이렇게 주장합니다.

스토아 철학: 욕망 억제

기원전 3세기 초 제논이 아테네에서 설립한 스토아학파는 그가 주랑stoa*에서 철학을 가르친 것에서 이름이 유래했습니다. 키프로스 출신의 평범한 상인이었던 제논은 플라톤과 아리스토텔레스의 귀족적 가르침과 결별하고 철학을 거리로 가져오려 했습니다. 그는 그리스인이 아니라는 이유로 아테네 지식 엘리트들에게 멸시를 받았습니다. 하지만 그는 그리스인과 외국인, 교양 있는 사람과 문맹자, 남성과 여성, 시민과 노예 등 모든 이들과 소통하며 거의 천 년 동안 고대 세계에 영향을 미칠 학교를 세웠습니다. 이 학교는 훗날 기독교와 르네상스 철학에도 깊은 영향을 미쳤습니다.

스토아 사상은 보편적인 신적 이성(로고스)에 의해 완벽하게 질서를 갖춘 우주(코스모스)가 존재하며, 인간은 각자의 이성으로 이 로고스와 연결되어 있다는 생각에 기초합니다. 또 스토아학파에 따르면 모든 존재의 운명을 결정하는 보편적인 인과법칙이 존재합니다. 마지막으로, 그들은 세상은 선하며 우리가 인식하지 못하더라도 모든 것이 존재의 선에 기여한다고 확신했습니다.

---

* 고대 그리스 건축의 한 요소로 지붕이 있는 통로 또는 현관–옮긴이

이러한 존재론적 가정을 통해 우리는 스토아 윤리를 더 잘 이해할 수 있습니다. 스토아 윤리는 지금 존재하는 것과 우리가 바꿀 수 없는 것을 받아들이도록 장려합니다. "원하는 대로 일이 일어나기를 기대하지 말라. 자신에게 일어나는 일을 원하기로 결심하면 행복해질 것이다."[54] 로마 노예에서 철학자로 변신한 에픽테토스의 말입니다.

스토아 윤리는 자족(아우타르케이아), 내면의 자유와 영혼의 평온함(아타락시아), 내면의 평화라는 목표를 달성하고자 합니다. 그리고 이러한 목표를 달성하는 데 욕망이 주요한 장애물이라고 생각합니다. 실제로 욕망은 영혼에 영향을 미치고 영혼을 굴복시킵니다(일종의 강한 정념입니다). 그래서 아리스토텔레스나 에피쿠로스가 주장한 것처럼 단순히 이성을 통해 욕망을 통제할 수 있는 것이 아니라 욕망을 억누르는 것이 중요하다고 봅니다.

스토아적 지혜는 욕망을 근절되어야 할 질병이라고 보고, 불안이 없는 상태, 즉 아타락시아에 이르기 위해 무욕의 상태(아파테이아)를 지향합니다. 그렇기에 우리를 욕망으로 이끄는 정념을 아리스토텔레스의 이성적 소망(불레시스), 즉 자각된 의지로 대체하는 것이 중요합니다. 더 이상 세상을 욕망하는 것이 아니라 의지로 바라는 것이 중요하다는 얘기죠. 먹고, 사랑하고, 배우고, 향상되길 욕망하는 것이 아니라 의지로 바라야 하는 것입니다.

욕망의 질서 속에 있는 한 우리는 이성으로 통제하기 어려운 충동과 욕구의 혼란을 겪게 됩니다. 그러면 깊고 지속적인 행복, 진정한 내면의 평화를 얻을 수 없습니다. 반면에 욕망을 버리고 이성적 소망으로 대체한다면 우리는 자신의 주인이 되어 진정한 평화를 누리게 될 것입니다. 내면세계든 외부세계든 그어떤 것도 더는 우리를 괴롭히지 못할 것입니다.

욕망에서 의지로의 이러한 이동은 진정한 철학적 전환입니다. 이것을 이루려면 강한 금욕적 노력을 기울여야 합니다. 그러면 감각적이거나 지적인 욕구를 소멸시키고 이성적 의지로 대체할 수 있습니다. 에픽테토스는 "자유는 욕망을 충족해서가 아니라 욕망을 파괴해서야 얻어진다."[55]고 말했습니다. 철저한 금욕생활로 이끄는 이 엄격한 사고방식은 몇 세기 후에 기독교에 큰 영향을 미칩니다. 또한 곧 살펴보겠지만, 이는 위대한 인도 철학 흐름의 하나인 불교와도 비슷합니다.

불교 : 갈 증 의 해 소

피타고라스와 동시대 인물이며 제자들에게 붓다, 즉 '깨달은 자'로 불린 고타마 싯다르타는 기원전 6세기 인도 북부에서 살았습니다. 그는 결혼하여 왕자로서의 호화로운 삶을 누리다가 모든 것을 버리고 숲으로 들어갔습니다. 업(카르마)으로 말미암

아 끝없이 이어지는 순환인 윤회에서 벗어나고자 그는 모든 욕망을 억제하면서 약 10년 동안 혹독한 고행을 실천했습니다. 하지만 목적을 달성할 수 없었지요. 그는 결국 다른 방법을 찾았고 깊은 명상에 몰두했습니다. 그리하여 마침내 '깨달음'을 얻으며 해탈의 경지에 이르렀고, 첫 제자들에게 이 해탈의 길을 가르치기 시작했습니다.

붓다는 자신을 영혼의 의사로 여겼습니다. 그리고 그리스 현인들의 학파처럼 자신의 영적 여정을 인간을 고통에서 해방시키는 치료의 과정으로 제시했습니다. 베나레스에서 행한 유명한 설법에서 그는 제자들에게 자신이 과거에 경험했던 두 가지 극단, 즉 감각의 쾌락에 자신을 완전히 맡기는 것과 감각의 쾌락을 완전히 포기하는 것, 둘 다를 피해야 한다는 가르침으로 시작했습니다.

아리스토텔레스와 비슷하게 그 역시 '중도'를 강조합니다. 그리고 자기 사상의 기초가 되는 네 가지 근본 진리를 제시하지요. 첫 번째 진리는 모든 것은 둑카dukkha라는 것입니다. 이 산스크리트어 단어는 고통, 불만, 번민, 갈등을 의미합니다. 이 단어가 갖는 의미는 매우 광범위한데 크게 세 가지 차원을 포함하고 있습니다. 신체적이거나 정신적인 고통(질병, 내적 갈등, 불만, 불안 등), 변화와 관련된 고통(출생, 노화, 죽음, 이별 등), 집착의 대상이 되는 다섯 가지 집합(스칸다Skanda: 물질, 감각, 지각, 마음의 작용, 의식)과 관련된 고통입니다. 붓다는 태어날 때부터 죽을 때까지 고통이 우리 존재에 스며들어 있으며, 윤회를 통해 무한히 계속된다는 관점에서 출발했습니다.

두 번째 진리인 사무다야samudaya는 둑카의 원인인 욕망, 갈애(탄하tanha)에 관한 것입니다. 사무다야에는 감각적이거나 정신적인 욕망, 재탄생의 순환을 영원히 지속하려는 욕망, 세상의 경험과 고통스러운 감각에서 벗어나려는 욕망이라는 세 가지 차원이 있습니다. 붓다는 "세상 사람들은 결핍을 느끼며 간절히 욕망한다. 그들은 갈증의 노예이다."[56]라고 짧지만 명료하게 설명했습니다. 그에게 있어 탐욕, 증오, 잘못된 생각이라는 '악의 세 가지 뿌리'를 내리게 하는 것은 바로 이러한 갈증과 무지입니다.

그 다음 세 번째 진리는 니로다nirodha입니다. 갈증의 소멸을 뜻하는 말인데 니로다는 열반nirvana의 상태, 고통의 완전한 소멸, 궁극적인 해탈로 이어집니다. 네 번째 진리에서 붓다는 고통의 소멸과 열반에 이르는 길(막가magga)인 '고귀한 8가지 길八正道'을 제시했습니다. 팔정도는 올바른 시각, 올바른 생각, 올바른 말, 올바른 행동, 올바른 생활, 올바른 노력, 올바른 마음챙김, 올바른 집중입니다. 붓다는 제자들에게 갈증을 없애는 이 윤리적 규율을 엄격하게 수행함으로써 해탈과 열반에 이를 수 있다고 약속합니다.

불교의 금욕과 스토아 사상의 금욕이 비슷하다는 점이 흥미롭습니다. 두 사상 모두 욕망의 굴레에서 벗어나는 것을 목표로 합니다. 그리고 이를 달성하기 위해 제시된 수단도 때때로 매우 유사하고요. 그러나 자세히 살펴보면 스토아 철학은 욕망 자체를 근절하는 것을 목표로 하는 반면, 불교는 더 정확하게는 욕망과 관련된 갈증을 해소하고자 한다는 점을 알 수 있습니다.

불교에서 없애야 할 것은 욕망이 아니라 욕망에서 비롯된 집착입니다. 건강해지고 싶은 욕망을 느끼는 건 당연하지만, 그 욕망에 집착하면 병이 생기는 순간 불행해집니다. 정신을 고양하고 열반에 도달하고 싶은 욕망은 건강한 것이지만, 거기에 집착하면 자신의 기대에 못 미치거나 이 높은 목표에 빨리 도달하지 못해 괴로워하게 됩니다. 따라서 갈망과 탐욕 없이 스스로를 재촉하지 않고 초연한 방식으로 욕망하는 법을 배우는 것이 중요합니다. 문제가 되는 것은 욕망이 아니라 갈증에 사로잡혀 욕망에 집착하는 것이니까요.

그리고 불교의 모든 수행은 존재, 세계, 생명에 대한 '무집착'을 목표로 하는데, 이는 모든 것에 대해 일종의 냉정한 무관심을 보이는 것과는 전혀 다릅니다. 붓다가 제시한 근본 교리의 심오한 정신에 따르면 집착으로서의 욕망을 버리는 것은 자유와 내면의 평화 상태에 도달하는 것입니다. 이는 타인과 삶을 사랑하는 것을 가로막는 것이 아니라 모든 것이 사라지거나 박탈될 수 있음을 받아들이는 가운데(불교 교리에 따르면 모든 것이 무상하기 때문입니다) 그것을 누리라고 가르치는 것이라 생각됩니다.

예를 들어, 사랑하는 관계에서 상대방이 내 소유가 아니며 나를 떠나거나 죽을 수 있다는 것을 알면서도 괴로워하지 않는 가운데 질투나 소유욕 없이 사랑하는 법을 배우는 것입니다. 이는 있는 그대로를 깊이 받아들이는 모습(니체가 말한 아모르파티)입니다. 그래서 현실을 욕망하며 괴로워하기보다 의지로써 소망하는 것을 목표로 하는 스토아 철학의 지혜를 연상시키기도 합니다.

그러나 이 지혜를 따르려면 상황을 올바르게 이해해야 하며, 우리의 의도와 생각, 말에 잘못된 바가 없는지 끊임없이 주의를 기울이고 감정을 완벽히 통제해야 합니다. 그렇기에 매우 어려운 일이라는 것은 분명합니다. 불교에서는 정신적 수행과 윤리적 수양에 전념하기 위해 사찰 생활을 하는 경우가 대부분인데 이것도 가족이 없는 곳에서 홀로 지낼 때 더 잘 행할 수 있기 때문입니다.

3
종교법

> "이웃의 것은 그 무엇이든 […] 탐내지 말라."
>
> – 십계명(신명기, 5: 20-21)

위대한 종교 전통들은 신자에게 신의 율법을 부과합니다. 이 역시 인간 욕망의 타락과 그것이 초래할 수 있는 폭력을 다스리기 위해서입니다. 이성은 종교 담론에서 배제되는 것이 아니라 신앙에 종속될 뿐입니다. 신의 계시에 대한 믿음은 역사적으로 위대한 종교의 기초입니다. 또한 신자들의 삶을 다스리는 일련의 계명과 규칙인 율법의 토대입니다. 그 믿음 아래에서 이성을 통해 율법의 필요성을 설명하고 논평하고 해석합니다. 하지만 율법은 신에 의해 기록되거나 의도되거나 영감을 받은 것으로 간주되기 때문에 이성은 결코 의문을 제기하지 않습니다. 이제부터 이와 관련하여 3대 유일신교의 사례를 살펴보겠습니다.

유대교

모세가 계시한 유대 종교법인 토라에는 유대교 신자를 위한 613개의 계명이 있습니다. 이 중 우리가 가장 잘 알고 있는 것은 신이 돌판에 새겨 시나이산에서 모세에게 주었다고 전해지는 열 가지 말씀입니다. 기독교 전통에서 '십계명'이라고 부르는 것이지요. 이 가운데 첫 번째 말씀은 신은 하나이며 오직 그 신만을 경배해야 한다는 가르침으로 요약할 수 있습니다.

둘째는 짐승의 형상을 만들어 숭배하지 말 것, 셋째는 헛되이 신의 이름을 부르지 말 것, 넷째는 제칠일을 지키고 모든 일을 금할 것, 다섯째는 부모를 공경할 것, 여섯째는 살인하지 말 것, 일곱째는 간음하지 말 것, 여덟째는 도둑질하지 말 것, 아홉째는 거짓 증언하지 말 것, 열째는 남의 것을 탐하지 말 것("네 이웃의 아내를 탐내지 말며, 네 이웃의 집이나 밭이나 남종이나 여종이나 소나 나귀나 네 이웃의 소유는 무엇이든 탐내지 말라."[57])을 명하고 있습니다.

첫 번째 말씀이 신에 대해 신자들이 지켜야 할 신앙에 관한 것이라면, 다른 계명들은 살인, 간음, 도둑질, 거짓말, 탐욕 등 일련의 금지 사항에 관한 것으로, 인간 사이의 관계를 규제하기 위한 것들입니다. 따라서 욕망의 규제는 신의 율법의 핵심입니다. 이러한 규제는 그리스 철학에서처럼 이성이 아니라 신의 율법에 대한 준수를 통해 이루어집니다. 이렇듯 외부 규범에 따라 신자들은 집착하는 마음과 욕망을 조절하려고 노력하게 됩니다.

사랑 또는 두려움이라는 두 가지 강력한 감정이 이 규범을 지키는 데 도움이 될 수 있습니다. 바로 신에 대한 사랑과 계명에 충실하고자 하는 열망, 또는 신과 형벌에 대한 두려움이죠. 이에 더해 사회적 규제도 규범을 지키는 데 매우 중요한 역할을 합니다. 신자들의 종교적 실천에 개인적인 감정이 거의 개입되지 않는 경우에도 타인의 시선을 의식하게 되고 또 율법을 어기면 공동체에서 배제될 것을 두려워하기 때문입니다. 이렇듯 종교법은 욕망을 규제하여 폭력을 억제하고 사회를 결속하는 두 가지 역할을 합니다.

기 독 교

예수는 유대교 신앙을 실천했지만, 율법보다는 사랑을 우선시함으로써 모세의 율법과 거리를 두었습니다(이에 대해서는 욕망의 신비주의에 관한 장에서 다시 다룰 것입니다). 그러나 예수의 제자들은 교회가 모든 신자들에게 부과한 종교법을 엄격하게 준수해야 한다는 개념으로 빠르게 돌아갔습니다. 성경의 계명에서 영감을 받은 교회는 신자들에게 일련의 규칙을 부과했고, 중세에는 교회법이 크게 발전했습니다. 이러한 배경에서 교만, 탐욕, 시기, 분노, 정욕, 나태, 탐식이라는, 지옥으로 떨어질 수 있는 유명한 일곱 가지 대죄의 목록이 정립되었습니다.

그런데 이러한 죄악은 대체로 선조체가 자극하는 규제되지 않은 욕망에 해당합니다. 탐식은 음식, 정욕은 섹스, 교만과 시기는 사회적 지위, 게으름은 최소한의 노력이라는 1차 강화요인에 해당합니다. 신경과학 연구자인 세바스티앙 볼레는 "중세 시대에 기독교인이 행했던 일의 상당 부분은 자신의 의지를 통해 주요 1차 강화요인과 싸우는 것이었다"[58]고 말합니다.

사실 기독교 전통에서 욕망에 대한 규제에는 두 가지 유형이 있습니다. 교회법이 부과한 규제와 역사적으로 매우 빈번히 나타났던 신의 형벌에 대한 두려움을 통한 규제가 그것입니다. 따라서 신자들은 유혹, 즉 불법적인 충동과 욕망(혼외정사, 폭식, 시기, 타인을 지배하려는 욕망 등)에 맞서 온 힘을 다해 싸우며 자신의 욕망을 억누르기 위해 신의 도움에 의존합니다.

스토아 철학에서 부분적으로 계승되어 본질적으로 의지에 호소하는 이러한 규제와 함께, 우리는 욕망을 규제하기 위해 이성에 더 호소하는 아리스토텔레스주의나 에피쿠로스주의에 가까운 또 다른 규제를 발견할 수 있습니다. 따라서 기독교 금욕주의는 고대 세계로부터 물려받은 이 두 가지 비전의 교차점에 있습니다.

대부분의 사막 교부*들에게는 자신의 뜻을 신의 뜻에 맞추고 오직 선한 것만을 추구하기 위해 욕망을 근절하는 것이 중요한 문제였습니다. 그래서 육체적 충동을 억제하기 위해 온갖 종류의 고행(자발적인 신체적 고통)을 마다하지 않았습니다. 또한 교만에 빠지지 않기 위해 스스로 굴욕적으로 처신하며 그것을 감내하기도 했습니다. 그러나 이성의 역할에 더 많은 관심을 가졌던 다른 교부들은 자연의 빛과 신앙으로 밝게 비추어진 정신에 모든 인간의 능력이 덧붙여지는 것을 중요하게 여겼습니다. 덕과 거룩함을 위해 노력하는 이 고행의 투쟁에는 신앙과 이성이 함께합니다.

이 슬 람 교

신의 율법이라는 개념은 역사상 세 번째로 등장하는 위대한 유일신 종교인 이슬람교의 핵심이기도 합니다. 7세기 초 아라비아 반도에서 무함마드에 의해 창시된 이슬람교는 스스로를 유대교, 기독교와 하나의 흐름으로 이어진다고 인식합니다. 그래서 무함마드를 '믿음의 조상'인 아브라함에서 시작된 긴 선지자 계보의 마지막 선지자로 여깁니다.

---

* 교부는 교회의 아버지라는 뜻으로, 2세기 이후에 기독교 신학의 주춧돌을 놓은 이들을 말한다. 사막 교부는 주로 3세기경에 이집트 스케티스 사막에서 생활한 수도자들을 가리킨다.−옮긴이

이 종교에서는 성경의 신을 알라로 칭합니다. 그리고 무함마드는 알라의 충실한 신자들에게 '이슬람의 다섯 기둥'이라 일컬어질 다섯 가지 기본 계명을 부과합니다. 즉, 유일신에 대한 신앙 고백, 메카 순례, 매일 다섯 번의 기도, 연례 라마단 금식, 가난한 사람들을 위한 자선 행위입니다. 신앙 고백을 제외한 나머지 네 가지 기둥은 욕망 조절의 한 형태로 볼 수 있습니다. 순례와 금식은 일정 기간 육체적 욕망을 절제하여 신체를 더 잘 통제하도록 이끕니다. 기도는 신 앞에서 겸손하도록 이끌고 자선은 나눔과 정의를 실천하게 하는데, 이는 지배욕과 탐욕을 조절하는 방법이기도 합니다.

이러한 기본 계명 외에도 이슬람 종교는 코란과 하디스라는 두 가지 주요 원전에서 욕망을 규제하고 공동체 결속을 유지하기 위한 수많은 계율, 특히 혼외 성행위와 간통죄를 단죄하는 계율을 밝히고 있습니다.

종 교 법 의   유 용 성 과   한 계

외적 규범(신 또는 우월한 힘)에 기초한 종교법은 대부분 한계와 금지를 설정하여 문란한 인간의 욕망을 규제하는 데 목적이 있습니다. 민법은 많은 부분 종교법에서 영향을 받았습니다. 전 세계 거의 모든 곳에서 살인, 절도, 근친상간, 강간, 간통 등 인간의 한없는 욕망을 규제하는 다양한 방법을 통해 더불어 사는 삶을 이뤄내고, 주로 탐욕과 지배욕 때문에 불거지는 폭력을 줄이기 위해 법으로 처벌하고 있습니다. 하지만 민법은 종교적 언급을 배제하고 같은 신앙을 공유하지 않는 개인들이 함께 살아갈 수 있도록 하기 위해 법률을 적용합니다.

유럽에서 현대 정치가 태동할 때에는 이러한 민법을 정착시키는 것이 커다란 도전이었습니다. 계몽주의 철학자들은 도덕과 법의 기초와 관련된 문제에 관심을 가졌습니다. 도덕과 법이 더 이상 서로 다른 종교에 기초하지 않는다면 종교와 정치를 분리하여 보편적 이성에 기초를 두는 것이 적절할 것입니다. 17세기에 스피노자, 홉스, 로크가, 18세기에 볼테르, 루소, 특히 칸트가 제안했던 것이 바로 그것입니다.

대부분의 종교는 교만, 지배욕이나 탐욕 그리고 그것들에 따라오는 모든 폭력을 누그러뜨리는 것을 목표로 합니다. 하지만 단 하나의 진리를 주장하고 모든 사람에게 자신의 믿음과 기준을 강요하면서 다른 형태의 폭력도 낳았습니다. 이러한 편협함은 이들 종교의 커다란 한계 중 하나입니다. 그 때문에 유럽인들은 이 종교들에 등을 돌리고 정치와 종교의 분리에 기초한 정치 질서를 구축하게 된 것입니다.

또 다른 한계는 종교법이 성적 욕망에 지나치게 초점을 맞추고 있다는 점입니다. 모든 주요 종교는 사랑, 결혼, 성에 대한 일련의 계율과 금지 사항을 정하고 있습니다. 이러한 규칙들은 경우에 따라 상당히 차이가 있긴 하지만 이성애 결혼의 틀 안에서 성의 주요 기능을 생식에 두는 것을 목표로 합니다. 그렇기 때문에 동성애와 혼외 성관계를 거의 한목소리로 단죄합니다. 현대 사회의 변화하는 관습과 점점 더 멀어지게 되는 것이지요. 대다수의 신자들은 이제 별 거리낌 없이 규칙을 따르지 않습니다. 나머지 많은 신자들 역시 속해 있는 공동체에서 배척당하지 않기 위해 규칙을 따르는 척합니다.

이러한 현상은 종교법이 쓸모없고 존재할 필요가 없어졌다는 것을 뜻할까요? 프로이트는 욕망과 충동을 통제하는 것이 문명의 징표이며 종교법이 이에 기여할 수 있다고 확신했습니다. 특히 근친상간의 금지라는 점에서 말이죠. 나아가 그는 (종종 종교에서 영감을 받은) 도덕적 규범이 인간의 건강한 정신을 함양하는 데 필요하다고 했습니다.

그러나 지나치게 엄격한 도덕적 원칙주의에 따른 통제는 많은 심리적 피해를 초래하기도 하며 신경증의 주요 원인이 되기도 합니다. 프로이트는 타인을 존중하는 도덕적, 사회적 행동을 장려하기 위해서는 억압과 심리적 통제보다는 욕망을 의식하고 한 차원 높은 욕망으로 넘어서게 하는 것을 선호합니다. 이러한 고양과 충족의 과정을 승화라고 합니다. 여기서 우리는 개인의 행복과 공동선을 추구하기 위해 이성에 의해 욕망을 규제하는 아리스토텔레스나 에피쿠로스의 지혜를 발견할 수 있습니다. 일반적으로 종교법에서 벗어난 많은 현대인들이 자신의 욕망을 더 잘 조절하고 더 절도 있고 행복한 삶을 위해 고대의 지혜로 돌아가거나, 금식, 나눔, 순례와 같은 특정 종교의 전통적인 관습에서 영감을 얻어 일상에서 실천하는 것도 승화의 노력이라 볼 수 있습니다.

4

행복한 절제를 향하여

"절제는 해방이기 때문에 행복해지기 위한 근본 조건이다.
항상 더 많은 것을 원한다면 언제 만족할 수 있을까?"

– 피에르 라비

아직 소수이긴 하지만 점점 더 많은 개인, 특히 젊은이들이 선조체가 부추기고 소비사회가 지탱하는 '항상 더 많이'의 논리에서 벗어나려고 노력하고 있습니다. 일부는 엄격한 종교적 실천의 취지로 그렇게 하기도 합니다. 하지만 대부분은 세속적인 관점에서 좀 더 간소한 생활방식을 선택하고, 덜어내고 나누는 마음을 품고, 몸과 마음을 더 잘 통제하려는 의식적인 노력을 함으로써 자신의 욕망을 제한하거나 조절하고자 합니다.

몸과 마음을 다스리려는 현대인의 시도

우리는 선조체의 처음 두 가지 주요 강화요인이 음식과 성에 대한 추구이며 점점 더 많은 젊은이들이 성관계를 점점 더 적게 갖는다는 사실을 이미 언급했습니다. 물론 자신감 부족, 심한 지리적 고립, 엄격한 사회적 또는 종교적 규범, 특별한 가족 상황 등으로 인해 금욕을 강요당하는 사례는 항상 존재해왔습니다. 그러나 현재 15세에서 24세 사이의 젊은이들 사이에서 나타나고 있는 대규모 금욕 현상은 그것과는 아무런 관련이 없습니다. 대부분은 정상적인 사회생활을 하고, 소셜 네트워크를 통해 폭넓게 소통하고, 전용 앱을 통해 데이트 사이트에 쉽게 접속할 수 있으니까요.

앞서 인용한 〈르 몽드〉의 설문조사[59]와 같은 조사에 따르면, 대부분 의도적으로 성관계를 갖지 않겠다고 선택했다는 사실을 알 수 있습니다. 미국에서는 이러한 현상이 자발적 순결의 개념을 다시 강조하려는 젊은 기독교인들 사이에서 종교적 이유와 연관되어 나타나기도 합니다. 거의 모든 종교는 혼외 성관계를 비난하고, 때로는 배우자에게 금욕 기간을 부과하기도 합니다. 의지를 강화하고 성적 충동에 저항하는 법을 배우게 한다는 취지로 말이죠. 여성의 생리 기간 동안 금욕하게 하는 것도 대표적인 사례입니다. 그러나 이는 훨씬 더 세속적인 세상에 살고 있는 젊은 유럽인들에게는 거의 영향을 미치지 않습니다.

프로이트를 따르는 정신분석학자들은 금지가 끝나면 성욕이 감소하고, 다시 성욕을 불러일으키려면 환상이 필요하다고 설명합니다. 사회학자들은 가상세계의 발전을 문제 삼습니다. 소셜 네트워킹의 가상적 특성 탓에 일부 청소년과 청년들이 신체적 접촉을 두려워하게 되었다고 말입니다. 코로나19 팬데믹이 한몫했다는 점도 빠뜨리지 않습니다.

저는 디지털 도구와 인터넷이 등장하던 초기에 이러한 현상을 완벽하게 포착했던 영화를 기억합니다. 바로 할 샐윈 감독의 〈데니스는 통화 중〉(1995)입니다. 이 영화는 아침에 일어나는 순간부터 잠들 때까지 전화, 팩스, 컴퓨터로만 소통하며 사랑하는 상대를 생각하지만 실제로는 만나지 않는 젊은 독신 뉴요커들 이야기를 담았습니다. 오늘날 많은 젊은이들이 소셜 네트워크에 중독되어 일종의 신체 접촉 공포증에 빠져 있으면서 가상세계가 주는 거리감에 안심하게 되는 것은 어쩌면 예견할 수 있었던 일입니다.

이 모든 설명들은 분명 타당한 면이 있지만, 젊은이들이 직접 하는 이야기는 이와는 다릅니다. 이미 간략하게 언급했듯이, 젊은이들은 성적 능력이라는 기준과 육체 소비의 조장이라는 두 가지 주요 세태에서 벗어나고자 하는 바람으로 그 이유를 설명합니다. 많은 젊은이들이 관계에 충분한 시간을 갖고 상대방을 알아가며 자신의 욕망을 키우고 싶다고 말합니다. 그들은 서로를 알아가고 발견하는 이 시간을 통해 집단 규범, 특히 약혼 관행과 결혼 전 금욕 기간으로 겪었던 이전 세대의 경험을 거의 본능적으로 재발견합니다. 첫 만남부터 성관계를 갖지 않는 것은 욕망을 키우는 데 도움이 됩니다. 욕망은 육체적일 뿐만 아니라 애정을 함께 나누고 키우는 감정적 차원까지 아우르는 더욱 포괄적인 것입니다. 시간을 충분히 가지는 것은 또한 평가받는 것에 대한 두려움, 강요받는 것에 대한 두려움, 유능해야 한다는 두려움을 극복하는 데 도움이 됩니다. 시간은 성관계가 활짝 피어나는 데 필요한 신뢰의 분위기를 조성하니까요.

기다림이 욕망을 키운다는 이러한 생각은 모든 영역에 적용할 수 있습니다. 저는 8년 넘게 초등학교에서 아이들과 철학 워크숍을 진행하고 있는데요, 행복을 주제로 6~7세 어린이들과 함께했던 워크숍이 기억에 남습니다. 한 어린이는 상점에서 본 장난감을 엄마가 바로 사줬을 때 오래 기다렸을 때만큼 행복하지 않았다고 말했습니다. 거의 모든 학생들이 이에 동의했고요. "네, 장난감을 갖고 싶었지만 곧바로 얻지 못했어요. 그러다 나중에야 얻게 되었을 때 훨씬 더 행복했어요!" "나중에 그걸 가져서 즐길 수 있다고 상상하면 기분이 좋아져요." 이렇듯 대부분의 아이들은 무척이나 갖고 싶은 욕망의 대상에 대한 만족을 미루면 나중에 더 큰 만족을 얻을 수 있다는 것을 경험했습니다.

많은 성인들 역시 더 잘 먹고 싶은 욕망, 특히 끊임없이 강박적으로 먹고 싶은 욕구를 조절하려는 욕망이 있음을 볼 수 있습니다. 유대교의 대속죄일, 기독교의 사순절, 이슬람교의 라마단 금식, 힌두교의 여러 금식 등 거의 모든 종교에서 배고픔이 일으키는 충동을 다스리는 방법을 교육하기 위해 금식 기간을 정하고 있습니다.

요즘에도 점점 더 많은 서양인들이 세속적인 방법으로 금식의 미덕을 재발견하고 있습니다. 프랑스에는 야생의 사고La Pensée sauvage와 같은 센터가 수십 개 있습니다. 이런 곳들에서는 완전 단식이나 액체만 섭취하는 단식(물과 때로는 과일 주스나 채소즙을 마심)을 기초로 장단기의 다양한 단식 생활 프로그램을 조직하고 관리합니다.

규칙적인 단식의 의학적 이점은 고대부터 알려져 왔습니다. 고대인들은 단식이 마음을 맑게 하는 효과가 있다는 점도 발견했습니다. 피타고라스와 소크라테스가 이를 실천하고 제자들에게 추천한 이유도 바로 여기에 있습니다.

저도 매년 1주일 코스를 진행하며 그 효과를 확인할 수 있었습니다. 단식 초기 이틀 동안은 배가 고파도 먹고 싶은 충동을 참아야 하고 두통이 생길 수 있지만, 그 후로는 몸과 마음이 가벼워지는 것을 느낄 수 있습니다. 생각이 더 선명해지고 더 자주 직관을 얻게 됩니다. 또한 단식을 통해 충동을 조절하는 법을 배움으로써 내면의 자유를 더 크게 얻을 수 있습니다.

간디는 단식 수행을 성본능을 통제하기 위한 필수 전제조건으로 보았습니다. 배고픔과 미각 기관을 통제하고 지배할 수 없다면 성본능을 통제할 수 없기 때문입니다. 기본 개념은 원초적 뇌의 압박에 맞서 싸우는 법을 배우는 것입니다.

최근에는 정보 단식, 특히 인터넷에 접속하지 않는다는 또 다른 종류의 단식도 발전하고 있습니다. 휴대폰과 컴퓨터에 중독된 젊은 도시인들이 일정 기간 '접속을 끊는' 유형의 단식을 돕는 전문 센터가 세계 곳곳에 생겨나고 있습니다. 일반적으로 점점 더 많은 사람들이 (저도 그중 하나입니다) 기존 미디어나 인터넷을 통해 정보를 얻는 데 소비하는 시간을 제한하고 있습니다.

개인적으로 저 역시 특정 주제에 대한 심층 기사를 읽거나 다큐멘터리를 보는 것 말고는 하루에 20분 이상 새로운 정보를 얻기 위해 시간을 들이지 않기로 결심하고 실행한 지 10년 정도 되었습니다. 그러면서 매일 쏟아지는 정보가 불안과 중독을 일으키고 불필요하게 많은 시간을 허비시킨다는 사실을 확인할 수 있었습니다. 이밖에도 지난 수십 년 동안 전 세계적으로 요가와 명상 등 동양의 수련 방법이 널리 퍼진 것도 몸과 마음을 더 잘 연결하고 다스리려는 관심 때문입니다.

더 잘 살기 위해 더 적게 벌기

우리의 원초적 뇌는 우리가 권력과 사회적 인정을 추구하도록 부추깁니다. 돈은 두 가지 열망을 모두 충족시킵니다. 부와 사회적 명성에 대한 욕망은 예나 지금이나 많은 사람들의 삶의 선택을 좌우하는 매우 강력한 원동력입니다.

하지만 얼마 전부터 우리는 새로운 삶의 모델이 출현하는 것을 목격하고 있습니다. 소유보다 존재에 더 깊이 관련된 욕망에 응답하는 더 단순하고 절제하는 삶 말입니다. 따라서 점점 더 많은 서양인, 특히 청년들이 더 나은 삶의 질을 누리고 가족, 우정, 예술적 열정, 자연 및 동물과의 유대 관계, 여행, 지적이고 영적인 일 등 자신이 가장 만족스러워하는 것에 시간을 보내기 위해 돈을 덜 벌고 사회적 명성에 초연한 삶을 선택하고 있습니다. 요컨대 더 나은 삶을 위해 더 적게 벌자는 새로운 화두가 떠오르고 있는 것이지요. 프랑스에서는 농업 생태학의 아버지 중 한 명인 피에르 라비의 모습이 많은 사람들에게 모델이 되었습니다.

피에르 라비는 아르데슈에서의 검소한 생활, 그리고 많은 저술과 강연을 통해 '행복한 절제'를 바탕으로 한 삶의 모델을 몸소 보여주었습니다. 절제와 삶의 질을 중시하는 이 단순한 라이프스타일은 지구에도 이롭습니다. 2020년에 작고한 피에르 라비는 생태적 에피쿠로스라고 볼 수도 있습니다. 비록 몇몇 논란을 불러일으키긴 했지만 절제, 나눔, 협력, 생태계 존중을 바탕으로 새로운 사회 모델을 실천하는 많은 운동에 솔선하거나(예컨대 시릴 디옹과 함께 설립한 환경단체 콜리브리) 영감을 주었습니다. 그 밑바탕에 깔린 생각은 다른 사람과 환경과 더 조화를 이루며 평화롭게 살기 위해 우리의 필요와 욕망을 항상 제한하는 것입니다.

이러한 삶의 철학은 많은 개인과 집단의 실천에 영감을 줍니다. 어떤 사람들은 빚을 지지 않고 싶어서 또는 여행할 여유를 갖기 위해 더는 자기 집을 소유하려 하지 않습니다. 무엇보다 내 집 마련을 위해 대출을 받고 대출금을 갚기 위해 오랜 시간 정규직으로 일해왔던 부모와 조부모의 생활 패턴에서 많은 젊은이들이 벗어나고 있습니다. 이 젊은이들은 고정된 직업에 얽매이지 않고 자기만의 열정을 좇습니다. 물론 이들 가운데 일부는 자신의 라이프스타일을 유지하기 위해 여전히 부모에게 의존하거나 사회적 지원을 받으려고 합니다. 하지만 그렇더라도 안정감보다는 자유를 선택합니다. 어떤 경우든, 그들은 이제 부유함, 지배, 사회적 인정에 대한 욕망을 따르기보다는 더 깊고 질적인 욕망에 부합하는 삶을 살고자 하는 데에 더 큰 동기를 갖습니다.

이런 현상은 더 이상 심신을 갉아먹는 온갖 허드렛일이나 불안정한 일자리를 원하지 않는 저학력자와 생활수준이 상당히 낮아지더라도 자신이 좋아하는 활동에 대부분의 시간을 할애하기 위해 파트타임으로 일하기로 결정한 대학 졸업생 모두에게 해당됩니다. 프랑스앵포Franceinfo의 기자인 마르고 케펠레크는 이 주제를 조사하는 과정에서 직업인들을 위한 비영리 네트워크인 ANDRH의 부회장 브누아 세르와 인터뷰를 진행한 후 이렇게 썼습니다.

"브누아 세르에 따르면 근무시간 관리가 젊은 직원들에게 기본적인 요구사항이 되었다는 것은 의심의 여지가 없다. 채용 면접에서 자주 등장하는 질문이 있다. '전 사생활을 무너뜨리지 않는 범위 안에서 당신이 바라는 업무를 수행하고 싶습니다. 저를 이해해 주시겠어요?' 이런 질문은 완전히 새로운 유형입니다."[60]

이 전문가에 따르면, 코로나19가 이러한 추세를 근본적인 차원에서 가속화했다고 합니다. 그는 회사가 일자리를 제공할 때 근무시간과 관련하여 이러한 모든 질문에 매우 구체적으로 답변할 수 있어야 하며, 그 일자리에 단순한 급여 이상의 의미가 있음을 증명할 수 있어야 한다고 설명합니다. "무엇보다도 더 이상 삶의 질, 생활 조건, 삶의 자유를 희생할 마음을 갖지 않은 세대라고 생각합니다."

2021년 여름부터는 미국에서도 이 문제와 무관하지 않은 대규모 사직 물결이 일고 있습니다. 이 '대사직Big Quit' 현상은 미국 경제 전반에 영향을 미치기 시작했습니다. 현재 채워지지 않은 일자리가 거의 1,100만 개에 달합니다. 다시 한 번 말하지만, 이는 새 천 년이 시작된 이래 전례가 없는 일입니다.

이러한 라이프스타일의 선택은 소득 감소(수입 감소)를 의미합니다. 그 결과 주택, 교통, 직장, 의복과 음식 등 모든 영역에서 다른 사람들과 공유해야 할 필요성이 생깁니다.

덜어내고 공유하기

청년들이 삶의 주요한 영역 모두에서 좀 더 간소한 라이프스타일과 협력적인 경제를 추구하는 경향이 점점 더 커지고 있습니다. 개인이 온라인 플랫폼을 통해 상품과 서비스 또는 지식을 유료(판매, 대여, 서비스 제공) 또는 무료로 공유하거나 교환하는(기부, 물물교환, 자원봉사) 공유경제가 빠르게 확대되고 있습니다.

2017년의 프랑스 상원 보고서는 "공유경제나 온라인 플랫폼 경제는 단순한 유행이 아니라 근본적인 추세이다. 유럽에서는 2016년에 280억 유로의 거래를 기록했는데 이는 1년 만에 두 배로 증가한 금액이다. 2025년에는 5,720억 유로에 달할 것으로 예상된다."고 밝히고 있습니다.

사람들은 '초소형 주택tiny house', 유르트, 트럭을 개조한 숙소 등 간소하고 저렴한 거처를 찾고 있습니다. 공유주택 양식은 학생을 위한 공유 숙소, 시설과 서비스(세탁, 텃밭, 난방, 전기 등)를 공유하는 성인을 위한 공유 주택이나 에코빌리지 등 다양한 방식으로 발전하고 있습니다.

연대를 기반으로 한 공유 숙소도 있습니다. 저는 10년 넘게 '르파리 솔리데르Le Pari solidaire*'라는 단체의 후원자로 활동해왔는데요, 이 단체는 자원이 별로 없는 젊은이들을 노인들과 연결해줍니다. 젊은이가 함께 지내거나 몇 가지 서비스를 제공하는 대신에 노인은 저렴한 집세로 젊은이가 집에 거처할 공간을 내주는 유형의 공유입니다. 이는 모두에게 득이 되며, 세대 간에 의미 있는 연결을 형성해주지요. 장애인과 비장애인 사이에도 비슷한 연결을 생각할 수 있습니다.

제 또래의 세대는 젊은 시절에 대학 입학 자격을 딴 후에는 단 한 가지, 자동차를 갖는 것만 생각했습니다. 하지만 요즘에는 많이 바뀌었습니다. 경제적인 이유와 환경적인 이유로 점점 더 많은 젊은이들이 대중교통과 자동차 공유를 선택하고 있

---

* 세대 간 연대적 동거를 위한 협회-옮긴이

는데, 공유는 만남과 사회적 연결을 촉진하는 효과도 있습니다. 식품 분야(공유 텃밭, 공동체 지원 농업)는 물론이고 의류 분야도 중고 의류 판매의 증가로 이러한 흐름을 타고 있습니다(빈티드Vinted의 성공에서 볼 수 있듯이).

공유의 확산은 직장생활에도 영향을 미칩니다. 사람들은 저렴한 비용에 공유 촉진 효과가 있는 코워킹 스페이스를 찾고 있습니다. 또한 점점 더 많은 젊은이들이 피라미드형 계층 구조가 없고 사회적, 환경적 목적을 지닌 소규모의 인간적인 조직(스타트업 유형)에서 일하기를 원하고 있습니다.

예를 들어, 몇 년 전 프랑스의 경영대학원 학생들이 대기업 입사를 앞두고 기업 활동이 환경에 미치는 영향을 있는 그대로 보여줄 것을 요구했습니다. 또한 유명한 경영대학의 교육에 생태 문제를 포함하도록 개편할 것을 촉구했고요. 학생들의 이런 압력 덕분에 대학 측은 2023년부터 모든 수업과정에 환경 과목을 포함하겠다고 발표했으며, 영미권 국가에서도 비슷한 현상이 나타나고 있습니다.

이제 경영대학에서도 금전적인 논리와 출세욕만으로는 충분하지 않습니다. 젊은이들은 지구의 의미를 되돌아보고 존중할 것을 요구하고 있습니다. 따라서 우리가 목격하고 있는 것은 원초적 욕망을 규제하려는 시도일 뿐만 아니라, 더 근본적으로는 수십 년 동안 서구 사회를 지배해온 가치와는 다른 가치에 기반하여 욕망의 방향을 바꾸고자 하는 움직임입니다.

젊은 세대가 사회 모델 전체에 의문을 제기하고 있습니다. 이러한 움직임이 아직은 소수의 노력에 불과하지만, 앞으로 오래지 않아 우리의 생활방식과 경제를 뒤흔들어 놓을 가능성도 배제할 수 없습니다. 본질적인 것을 추구하고, 양보다 질을 선호하며, 타인과 지구를 존중하면서 자신의 욕망을 충족하는 삶을 살기 위해 우리의 원초적인 욕망을 제한하려는 노력들로 말이죠.

이는 플라톤의 결핍으로서의 욕망이 우리 삶에서 유일한 원동력이 아니라는 것을 보여줍니다. 결핍의 결과도 아니고 우리의 원초적 뇌가 주도하는 것도 아닌 또 다른 형태의 욕망이 있습니다. 성장하고 싶고, 성취하고 싶고, 진정한 자신이 되고 싶은 욕망, 쾌락보다는 행복을 얻고 싶은 욕망입니다.

이제 3부에서 스피노자, 니체, 융, 베르그송과 함께 살펴보고자 하는 것이 바로 이러한 힘으로서의 욕망입니다.

3부

빛나는 삶을 위한 다르게 욕망하기

1

스피노자와 힘으로서의 욕망

"욕망은 인간의 본질이다."
– 스피노자

앞에서 아리스토텔레스가 플라톤과는 다르게 욕망을 결핍만이 아니라 무엇보다도 지성의 차원을 포함하여 우리를 움직이게 하는 힘으로 보았다는 사실을 언급한 바 있습니다. 아리스토텔레스의 욕망 개념은 17세기에 바뤼흐 스피노자에 의해 더 자세히 설명되었습니다.

그 무엇보다 강한 진실을 향한 욕망

스피노자의 삶은 소설 같습니다. 그의 조상은 기독교의 박해를 피해 포르투갈을 떠났습니다. 암스테르담의 유대인 공동체에서 가장 순수한 유대교 전통 속에서 자란 그는 15세에 히브리어 성경을 외울 정도였습니다. 하지만 그는 성경 속에 보이는 모순을 모두 지적하기 시작했습니다. 이성적이고 비판적인 정신 때문에 그는 23세에 유대교 회당에서 추방당할 정도로 불안한 삶을 살았습니다.

종교적 추방 행위인 헤렘은 역사 속에서나 그 자취를 찾아볼 수 있는 그리 흔치 않은 폭력입니다. 어린 바뤼흐는 공동체에서 추방되어 평생 저주 받는 삶을 살았습니다. 어떤 유대인도 그와 관계 맺는 것이 금지되었죠. 그는 가족을 떠나야 했고 그 후 얼마 지나지 않아 암살당할 위험마저 겪어야 했습니다. 그는 자신의 육체적 구원은 칼날을 막아주는 두꺼운 가죽 외투 덕분이고, 정신적 구원은 암스테르담에서 데카르트와 그리스 철학자들의 사상을 전파한 자유주의 개신교도들의 영향 아래 발견한 철학 덕분이라고 말하곤 했습니다.

렌즈 연마사로 어렵게 생계를 꾸려가던 그는 일 이외의 남는 시간을 세 가지 축을 중심으로 보냈습니다. 자신만의 사고 체계를 연구하고 발전시키기 위해서였죠. 그 축의 하나는 정치철학입니다. 그는 최초의 계몽주의 사상가로서 정치와 종교의 분리를 주장했습니다. 또한 모든 시민의 양심과 표현의 자유를 보장하는 법치주의 국가를 만들자고 주장했지요. 그 때문에 정치권력으로부터 핍박을 받기도 했습니다. 또 하나의 축은 형이상학입니다. 그는 물질이자 정신인 신이 세상에 존재하는 모든 것의 실체라고 주장했습니다. 나아가 신을 자연과 동일시하여 무신론자라는 비난을 받기도 했습니다. 마지막 축은 윤리학입니다. 욕망과 생명력을 인간 행동의 중심에 놓음으로써 그리스 시대 이후 도덕 사상에서 커다란 혁명을 일으켰습니다. 그 때문에 방종하다는 비난에 휩싸이기도 했지요.

스피노자는 진리를 무엇보다도 중요하게 여겼고, 그 대가를 톡톡히 치렀습니다. 그리고 그의 초기 전기 작가들은 비록 그의 사상에 적대적이었을망정, 그를 아는 모든 증언자들이 그가 쾌활하고 다른 사람들에게 관심을 기울이는 사람이며 자신이 지닌 사상과 일치하는 삶을 산 사람이었다고 쓰고 있습니다.

기쁨은 늘리고 슬픔은 줄이기

스피노자의 윤리 사상은 우리 존재를 유지하고 성장시키려는 '노력'인 코나투스에 대한 그의 견해에 기초합니다. 그는 우리 존재의 원동력이자 우리가 생존하도록 이끌고 존재의 힘을 키우는 코나투스를 고대인들을 따라 '욕구'라고 규정합니다. 더 나아가 그는 "욕망은 자기의식을 지닌 욕구"이며 "욕망은 인간의 본질"[61]이라고 말합니다.

이 철학자는 욕망을 우리 존재를 지속시키고 생명력을 끊임없이 증가시키도록 이끄는 의식적인 욕구라고 간략히 정의합니다. 그에 따르면 욕망은 인간의 본질이기 때문에 금욕주의가 주장하는 것처럼 욕망을 축소하거나 제거하려고 해서는 안 됩니다. 욕망의 힘이 없다면 우리는 더 이상 인간이 아닐 테니까요. 더 이상 욕망을 느끼지 않는 인간은 살아있는 시체입니다. 인간은 근본적으로 욕망하는 존재이며, 우리가 인생을 마음껏 즐길 수 있는 것은 욕망 덕분입니다.

이처럼 인간 본성에 대한 예리한 관찰자인 스피노자는 욕망에 대해 도덕적 판단을 내리지 않습니다. 그는 아리스토텔레스에 이어 욕망이 우리 삶에서 중요한 위치를 차지한다는 점에 주목합니다. 욕망은 그 자체로 좋지도 나쁘지도 않습니다. 욕망은 우리가 더욱 더 살아있음을 느끼고, 행동하는 힘을 키우고, 기쁨 속에서 성장하기 위해 길러야 하는 힘입니다.

그리고 여기서 우리는 스피노자 윤리 철학의 두 번째 기본 요점에 도달합니다. 그는 기쁨을 "덜 완전한 것에서 더 완전한 것으로의 이행"으로, 반대로 슬픔을 "더 완전한 것에서 덜 완전한 것으로의 이행"[62]으로 정의합니다. 따라서 기쁨과 슬픔은 우리 생명력의 증가 또는 감소에 따라오는 두 가지 기본 감정인 것입니다. 존재하고 행동하는 힘이 줄어들 때마다 우리는 슬픔을 느끼고, 그 힘이 늘어날 때마다 기쁨을 느낍니다. 스피노자의 윤리 철학은 그 무엇도, 그 누구도 빼앗을 수 없는 영원한 기쁨에 도달할 때까지 기쁨 속에서 끊임없이 성장하도록 이끄는 것을 목표로 합니다. 스피노자는 이러한 기쁨에 도달한 상태를 "완전한 행복"이라 불렀습니다.

욕망을 키우고 올바른 방향으로 이끌기

따라서 이 기쁨 속에서 성장하려면 욕망을 키우는 것이 필요합니다. 생명력을 높이는 데 도움이 되는 욕구를 욕망이 만들어내기 때문입니다. 하지만 욕망이 언제나 좋기만 한 것은 아닙니다! 욕망은 그 자체로 좋지도 나쁘지도 않습니다. 우리의 성장에 꼭 필요한 힘이긴 하지만, 지향하는 사람이나 대상에 따라 욕망이 우리를 슬픔이나 기쁨, 행복이나 불행으로 이끌 수 있기 때문입니다.

우리의 욕망을 우리에게 유익하고 우리 본성에 부합하는 생각, 사물, 사람, 음식으로 향하게 한다면, 이러한 것들을 즐기는 것이 우리의 생명력을 높이고 기쁨을 가져다줄 것입니다. 반대로 우리 본성과 잘 맞지 않는 사물이나 존재에 욕망을 쏟는다면, 그것들을 소유하거나 즐겨 이용할 경우 조만간 슬픔으로 이어질 것입니다. 우리의 행동하는 힘과 생명력을 약화시킬 테니까요. 제가 "조만간"이라고 말한 이유는 잘못된 연결이 초래하는 영향을 항상 즉시 알아차리지는 못하기 때문입니다. 처음에는 기쁨을 느낄 수도 있겠지만 시간이 지나면서 이 기쁨은 슬픔으로 바뀔 것입니다.

스피노자는 이러한 유형의 '거짓 기쁨'을 "수동적 기쁨"이라고 부르며 참되고 지속적인 기쁨인 "능동적 기쁨"과 구별합니다. 수동적 기쁨은 우리가 어쩔 수 없이 받아들이는 감정인 반면, 능동적 기쁨은 우리를 성장시키고 존재하고 행동할 수 있는 힘을 키우는 생동하는 감정입니다.

이와 관련하여 사랑은 훌륭한 예가 됩니다. 스피노자의 말처럼 나와 잘 맞지 않는 사람에게 욕망을 쏟으면 관계 초기에는 강렬한 기쁨을 느끼겠지만, 환상이 사라지고 나면 이 기쁨은 슬픔으로 바뀌고 심하게는 사랑이 증오로 바뀔 것입니다. 가끔 또는 자주 그런 일이 생기지만, 우리와 어울리지 않는 사람에게 욕망이 생긴다면, 그것은 우리의 생각이 잘못되었거나 상상력이 우리를 속이고 있기 때문이라고 스피노자는 설명합니다. 우리의 욕망에는 항상 생각이 함께 따라오며, 이러한 생각은 참일 수도 거짓일 수도, 적절할 수도 부적절할 수도 있기 때문이지요.

스피노자 이후 몇 세기가 지나서 프로이트는 우리가 어린 시절에 해결되지 않은 기대나 우리를 학대했던 부모의 이미지를 무의식적으로 타인에게 투사하여 자기도 모르게 애정생활에서 신경증적 시나리오를 재현하는 경우가 많다는 사실을 밝혀냈습니다. 스피노자가 사랑의 열정과 그 환상에 대해 이야기하는 내용과 같은 것입니다.

스피노자는 사랑을 "외적 원인에서 비롯된 생각과 연결된 기쁨"이라고 정의합니다. 기쁨은 우리가 제대로 알지 못하는 그 사람 자체보다는 그 사람에 대해 갖게 된 생각과 더 큰 관련이 있습니다. 그런데 그 생각은 맞을 수도 있고 맞지 않을 수도 있습니다. 그 생각이 맞았다면 기쁨은 생동하고 사랑은 깊고 오래 지속되며 즐거워질 것입니다. 우리는 사랑하는 사람의 존재를 가능한 한 오랫동안 누리고 싶어 할 것이며, 이러한 향유는 우리의 생명력과 기쁨을 증가시킬 것입니다.

반대로 그 생각이 맞지 않았다면 기쁨은 수동적이 되고 얼마 가지 않을 것입니다. 왜냐하면 그 사람을 이상화했고, 그가 지니지 않은 많은 것을 그에게 투영했고, 우리가 실제로 아는 것보다 더 많이 상상했기 때문입니다. 이 수동적인 기쁨은 관계가 나빠지거나 실망스러워지거나 싫증이 나면서 슬픔으로 바뀝니다. 우리는 상대방이 우리를 성장시키는 것이 아니라 위축시킨다는 사실을, 이 관계가 우리의 생명력을 떨어뜨린다는 사실을 발견할 것입니다. 우리는 슬픔, 분노, 무관심, 혐오감 사이에서 갈등하게 될 것입니다. 이것은 일반적으로 에로스적 사랑의 결과입니다. 환상이 사라지면 결핍과 권태가 그 자리를 채우는 것이지요.

욕망의 문제에 대한 스피노자의 설명은 매우 타당합니다. 욕망은 꼭 필요한 것이며 이성의 안내를 받으며 길러져야 한다는 것입니다. 욕망이 우리의 본성에 잘 맞는 사물이나 사람으로 향하기 위해서는 우리의 이성과 직관의 분별력을 따라야 합니다. 우리 자신에 대한 주의 깊은 관찰("너 자신을 알라"는 소크라테스의 말처럼!)과 성찰, 인생 경험을 통해 우리는 우리의 욕망을 적절히 이끄는 데 도움이 되는 생각을 더 깊이 있게 할 수 있을 것입니다.

그러면 우리에게 잘 맞고 즐거움을 주는 사물, 생각, 사람을 향해 나아갈 수 있습니다. 그리하여 플라톤의 결핍으로서의 욕망이 아니라 스피노자의 힘으로서의 욕망, 기쁨으로서의 욕망에 이를 수 있습니다. 즉, 우리는 이미 가지고 있는 것을 계속해서 욕망함으로써 행복해질 수 있습니다. 그러한 욕망이 우리에게 잘 어울리고 우리의 생명력을 높일 수 있기 때문입니다.

욕망은 변화를 이끄는 유일한 원동력

저는 스피노자 사상의 핵심 요소 가운데 우리가 일반적으로 생각하는 것과 반대되며 이 철학자가 욕망에 부여한 중요성을 보여주는 한 가지를 추가하고 싶습니다. 알코올, 마약, 도박, 섹스 등 우리를 불행하게 만드는 중독 문제에 직면했을 때, 우리는 일반적으로 스토아 철학자들을 따라 의지력이 해방의 열쇠라고 생각합니다. 흔히들 하는 "원하면 할 수 있다"는 표현처럼 말이죠. 또는 에피쿠로스 철학자들처럼 이성과 분별력이 악습에서 벗어나는 데 도움이 되는 냉철함을 가져다줄 것이라고 확신합니다.

스피노자는 이 두 가지 생각을 반박했습니다. 젊은이들의 소셜 네트워크 중독에 대해 이미 간략히 언급했듯이, 그는 정신의 두 가지 기능인 의지나 이성만으로는 우리를 슬프게 만드는 심한 악습이나 중독을 극복할 수 없다고 주장합니다. 정신의 기능만으로는 감정의 힘을 이겨낼 수 없습니다. 감정의 힘을 이겨내기 위해서는 감각과 기분부터 시작하여 우리 존재 전체를 사로잡는 욕망을 동원해야 합니다. 그는 "감정은 저지하려는 감정보다 더 강한 감정에 의해서만 저지되거나 억제될 수 있다"는 중요한 진리를 확인합니다.[63] 우리는 중독이나 증오, 슬픔, 공포를 이성으로 따져서 억누르기보다는 사랑이나 기쁨과 같은 강렬하고 긍정적인 감정을 불러일으키는 새로운 욕망이 솟아오르도록 해야 합니다. 그리고 이성을 통해 긍정적인 감정과 연결된 새로운 욕망을 발견하여 '솟아오르도록' 하고 의지를 통해 그 욕망을 추구해야 합니다.

하지만 변화의 원동력이 되는 것은 욕망과 그 욕망이 불러일으키는 감정입니다. 우리는 감정을 이성과 의지에 대립시키는 전통적 도덕과는 정반대의 입장에 서있습니다. 전통적 도덕에서는 이성과 의지로 감정을 억눌러야 한다고 보았지요. 여기서는 욕망의 관리, 욕망의 분출과 새로운 방향으로의 변화가 윤리와 행복의 열쇠가 됩니다. 따라서 스피노자는 정신/신체 또는 이성/감정의 이원성을 활동성/수동성의 이원성으로 대체합니다. 수동성은 외적 원인과 부적절한 생각에 의해 움직이는 상태입니다. 그것은 슬픔과 수동적인 기쁨을 자아냅니다. 활동성은 우리 자신의 본성과 적절한 생각에 따라 행동하는 상태입니다. 그것은 능동적인 기쁨을 불러옵니다. 따라서 우리는 슬픈 열정을 즐거운 행동으로 전환해야 합니다. 그러면 우리의 욕망을 의식적으로 성장에 도움이 되고 기쁨을 주는 사물이나 사람에게 향하게 하는 가운데 더 이상 감정에 휘둘리지 않고 감정을 느낄 수 있습니다.

아리스토텔레스와 에피쿠로스의 먼 후계자인 스피노자는 욕망을 플라톤과는 전혀 다르게 이해합니다. 종교적이든 철학적이든 선을 이루기 위해서 고생을 마다하지 않아야 하고 고통을 멈추기 위해서 고행할 것을 주장하는 역설적인 금욕주의의 큰 흐름에 단호히 등을 돌립니다. 그는 일시적인 기쁨이나 인위적인 쾌락에 맞서 싸우는 대신에, 또 우리 삶에 필수인 욕망의 힘을 줄이고 슬픔을 더하는 대신에 더 많은 기쁨과 사랑을 누리고 행동하고 창조하는 힘을 키우라고 권합니다.

변화를 이루는 가장 좋은 방법은 우리를 만족시키는 것을 욕망하는 것입니다. 그러니 나쁜 욕망을 좇느라 지치지 말고 우리의 기쁨을 증가시키는 욕망에 집중하는 것이 좋습니다. 그래서 스피노자는 《에티카》 마지막 부분에서 우리가 2,500년 동안 금욕적 도덕에서 배운 모든 흐름을 거스르는 매우 설득력 있는 문장을 썼습니다.

"행복은 미덕의 대가가 아니라 미덕 그 자체이다. 그리고 이 행복의 경지는 우리의 감각적 욕구를 감소시킨다고 얻어지는 것이 아니다. 오히려 이러한 행복이 우리의 감각적 욕구를 감소시킬 수 있다."[64]

2

니체와 '위대한 욕망'

> "세상에나! 마침내 때가 왔다. 인간이 더는 제 욕망의 화살을
> 다른 인간들에게 쏘지 않을 때,
> 그 활의 줄이 더 이상 진동하지 않을 때가 말이다."
> – 프리드리히 니체

스피노자는 생명력을 제한하거나 감소시키지 말고 반대로 증가시키면서 그에 따르는 기쁨을 더 많이 느끼라고 권합니다. 욕망은 우리 삶의 진정한 원동력이자 행동하는 힘이며 창조적 추진력이기 때문에 그는 우리를 욕망의 향연으로 초대합니다. 스피노자의 이러한 욕망과 기쁨의 윤리에서 두 명의 위대한 철학자 프리드리히 니체와 앙리 베르그송이 영감을 받았습니다.

욕 망 을 줄 이 는 것 은 삶 을 줄 이 는 것

"매우 놀랍고 기쁘다! 내게는 선구자가 있는데, 그는 진정한 선구자다!" 1881년 7월 30일에 프리드리히 니체는 이렇게 썼

습니다. 니체는 36세의 나이에 철학과 글쓰기에 전념하고자 건강상의 이유를 들어 바젤 대학교의 문헌학 교수직을 사임했습니다. 그 시기에 마침 스피노자의 《에티카》를 읽게 되는데, 이는 나중에 《즐거운 학문》(1882)에서 시작하여 《자라투스트라는 이렇게 말했다》(1885), 《도덕의 계보》(1887)를 거쳐 《이 사람을 보라》(1888)에 이르는 그의 작업들에 큰 영감을 주었습니다.

니체의 글쓰기는 스피노자와는 정반대입니다. 스피노자는 정의, 공리, 명제, 증명 등을 통해 기하학적 완벽성을 지향하며 논리적이고 일관된 체계로 《에티카》를 집필했습니다. 반면 니체는 "망치로 내려치는 철학"을 지향하며 긴 논리적 증명보다는 단편적인 문장과 격언을 통해 자기 생각을 풀어냈습니다. 또한 동시대인들을 "깨우기" 위해 도발적인 어조로 쓰기를 좋아했습니다. 그래서 그의 작품에서는 모순과 역설을 쉽게 찾아볼 수 있습니다. 앞으로 살펴보겠지만, 욕망의 문제는 극복할 수 없는 것은 아니지만 마음을 혼란스럽게 하는 이러한 역설에서 그 누구도 자유로울 수 없습니다.

니체는 스피노자에게서 윤리적 사고의 중심 주제인 코나투스, 즉 인간을 성장하고 번영하고 지배하고 행동하게 만드는 욕망하는 힘이란 개념을 빌려왔습니다. 그리고 그것에 "힘에의 의지"라 이름 붙였습니다. 이러한 생각을 바탕으로 그는 욕망을 축소하거나 근절하려는 모든 금욕주의 철학이나 종교를 격렬하게 공격합니다. 욕망을 줄이는 것은 삶을 줄이는 것이기 때문입니다. 그것은 삶을 특징짓는 힘에의 의지와 그 의지에 뒤따르는 창조적 충동을 부정하는 것입니다.

"우리는 아프지 않게 하기 위해 이를 뽑아버리는 치과의사를 더는 존경하지 않는다." 니체는 《우상의 황혼》에서 이렇게 썼습니다. 그런 다음 기독교를 겨냥하여 비판합니다. "교회는 열정을 뿌리째 뽑으려고 공격한다. 교회의 처방과 치료는 거세이다. '욕망을 어떻게 정신화하고 미화하고 신성화할 수 있는가?'라는 질문은 결코 던지지 않는다. 언제나 규율의 중심을 (관능과 자긍심을, 지배하고 소유하고 복수하려는 욕망을) 근절하는 데 두었다. 그러나 열정을 뿌리째 공격하는 것은 생명을 뿌리째 공격하는 것과 같다. 교회의 관행은 생명에 해롭다."[65] 다른 곳에서 그는 덜 격렬하지만 같은 이유(삶에 반대하는 의지)로 불교를 공격했습니다. 그리고 유럽 문화가 "새로운 불교를 향하여! 유럽 불교를 향하여! 허무주의nihilisme를 향하여!"[66] 방향을 돌리는 것에 대해서도 염려했습니다.

욕망을 축소하려는 금욕주의 전통에 대해 니체가 급진적으로 비판했지만 그렇다고 해서 그가 모든 욕망에 자신을 맡겨야 한다고 말한 것은 아닙니다. 충동, 욕망, 열정이 우리를 타락시킬 수 있음을 인정했습니다. 하지만 위에서 말한 것처럼, 그는 이성과 가장 고귀한 감정(사랑, 기쁨, 감사)을 통해 그것들을 정신화하고 미화하고 고양할 필요가 있다고 말합니다. 스피노자가 제안한 것과 매우 유사한 방식으로 말입니다. 그는 욕망의 연금술로서 변성transmutation, 變性을 적극 주장합니다.

최후의 인간의 편협한 욕망

니체는 세상과 삶을 부정적으로 바라보는 모든 도덕을 '허무주의'로 규정하고 그러한 도덕을 크게 두 가지 형태로 나눕니다. 하나는 존재하지도 않는 초월적 세계인 '내세'를 근거로 이 세상을 정죄하는 종교의 도덕입니다. 또 하나는 충동을 억제하지 못하기에 아예 위축된 삶을 살면서 안정만을 추구하는 사람, 그리고 장애물이나 시련이 닥치면 바로 불평하는 사람들의 도덕입니다. 이렇게 '응어리진' 사람들은 건강을 지키는 것을 최고의 목표로 삼고 싶어합니다. 그들은 사는 것보다 살아남는 것이 더 중요합니다. 또 큰 기쁨보다 작은 즐거움을 더 좋아합니다. 그들은 위험을 감수하지 않고 모든 고통을 피하기 위해 죽음을 가리고 욕망을 제한합니다.

니체는 대표작 《자라투스트라는 이렇게 말했다》에서 '초인'과 '최후의 인간'이라는 두 가지 인간형을 대조적으로 묘사합니다. 초인은 자신의 힘에 대한 의지를 한껏 강조하는 유형인 반면에 최후의 인간은 건강, 안락, 안전만을 추구하며 야망 없음에 기뻐하는 수동적인 허무주의 상태를 대표합니다. 군중이 초인에 대해 듣고 싶어 하지 않는다는 것을 확인한 자라투스트라는 그들이 열망하는 최후의 인간의 경멸스러운 모습을 보여줍니다.

"이제 인간은 스스로 목표를 세울 때이다. 인간이 가장 고귀한 희망의 씨앗을 심어야 할 때이다. 지금 그 토양은 여전히 비옥하다. 하지만 언젠가 이 땅은 척박한 불모지가 되어 큰 나무가 자랄 수 없게 될 것이다. 세상에나! 마침내 때가 왔다. 인간이 더는 제 욕망의 화살을 다른 인간들에게 쏘지 않을 때, 그 활의 줄이 더 이상 진동하지 않을 때가 말이다. 춤추는 별을 낳으려면 내 안에 혼돈을 품고 있어야 한다. 당신은 당신 안에 혼돈을 품고 있다. 이럴 수가! 인간이 더 이상 별을 낳지 않을 때가 가까워졌다. 이럴 수가! 더 이상 자신을 경멸할 줄 모르는 가장 경멸스러운 인간들의 시간이 가까워졌다. 보라! 최후의 인간을 보여주겠다."

그러자 군중은 이렇게 대답했습니다. "우리를 최후의 인간으로 만들어 달라! 그리고 당신의 초인을 혼자서 간직하라."[67]

최후의 인간은 삶에 대해 원망하고 부정하는 사람입니다(기분 좋고 편안한 것만을 계속 곁에 두고 싶어 하기 때문입니다). 그는 창조하고 사랑하고 욕망하는 법을 알지 못합니다. 그러한 사실을 그가 항상 인식할 수 있는 것은 아닌데, 그 이유는 그가 건강을 숭배하고 음식과 성생활이라는 작은 기쁨의 보조물을 즐길 줄 알기에 자신이 삶을 사랑한다고 믿기 때문입니다.

"저들은 낮에도 밤에도 초라한 쾌락을 누릴 것이다. 그러면서 건강을 숭배할 것이다."[68] 더 이상 자신을 뛰어넘고자 열망하지 않고 삶이 가하는 어떤 고통도 거부하는 이 편협한 인간은 현대 서구인의 전형적인 모습입니다. 이러한 인간은 종교인이라는 또 다른 원망하는 인간을 대체했습니다. 건강과 안전이라는 이름으로 삶과 원대한 욕망을 거부하는 새로운 형태의 허무주의가 내세라는 이름으로 세상과 욕망, 삶을 거부했던 종교적 허무주의의 뒤를 이은 것입니다.

고귀한 욕망과 초인

반면 니체의 초인은 삶을 온전히 받아들이고 어떤 대가를 치르더라도 죽음을 피하려 하지 않는 인간을 상징합니다. 그는 자신이 원하는 대로가 아니라 있는 그대로의 삶을 사랑하기 때문에 삶을 전적으로 긍정하며 "크고 성스러운 긍정"에 대해 말합니다. 그리하여 니체는 우리가 힘에 대한 의지를 확인하고, 한껏 욕망하고, 자신을 뛰어넘고, 창조성을 개발하는 동시에 세상과 삶을 온전히 받아들이도록 초대합니다.

니체는 스토아 철학의 전형적인 문구인 '아모르파티(운명애)'를 좌우명으로 삼았습니다. 스토아 철학자들에 따르면, 우리에게 달려 있지 않고 우리가 바꿀 수 없는 운명의 사건들에 맞서 싸울 것이 아니라 그것들을 원하는 것이 중요합니다. 그리고 이생에서 그것들을 원할 뿐만 아니라 "영원회귀"[69]를 상상하며 수없이 원할 수 있어야 합니다.

니체는 마지막 저서인 《이 사람을 보라》(아카넷, 2022)에서 "나는 어떤 욕망도 가져본 적이 없다"고 썼습니다. 이는 그가 자신의 운명을 거스르는 어떤 노력도 하지 않았음을 분명히 보여주는 말입니다. 그는 건강이 좋지 않은 것부터 시작해서 자신에게 닥친 운명의 모든 사건을 필요하고 바랄만한 것으로 받아들일 줄 알았습니다. 그는 또한 자신의 충동과 열정을 통제하는 방법을 알고 있었습니다. 그러나 동시에 역설에 관심을 쏟고 즐겼던 그는 우리가 한껏 욕망해야 한다고 힘주어 말했습니다. 그는 《자라투스트라는 이렇게 말했다》에서 "내 안에는 가라앉지도 않고 가라앉힐 수도 없는, 목소리를 높이려는 무언가가 있다. 밤이 되면 내 욕망이 샘물처럼 솟구치고 목소리를 높이고 싶어 한다."[70]라고 썼습니다.

한편으로는 삶에 대해, 모든 삶에 대해 긍정해야 하지만, 다른 한편으로는 허무주의의 '커다란 무기력함'을 극복해야 합니다. '고귀한 욕망', 끊임없는 자기 초월의 욕망, 자신을 확인하고 성장하고 실현하도록 이끄는 창조적 충동과 힘에 대한 의지를 포기한 무기력함을 말입니다. 스피노자처럼 니체도 플라톤의 결핍으로서의 욕망과 쾌락만의 추구 모두를 비난했다고 할 수 있습니다. 그리고 스토아학파에 맞서 힘으로서의 욕망과 기쁨 추구의 필요성을 강조했습니다.

그는 충동에는 이끌리면서도 삶을 거부하는 "약한 욕망"에 맞서, 충동을 통제하고 삶에 대한 무조건적 사랑과 끊임없는 창조적 추진력으로 자신을 뛰어넘도록 자극하는 강한 욕망을 옹호합니다. 니체는 더 이상 욕망하지 않는 사람들(즉 쉽고 충동적인 것만을 욕망하는 사람들), 더 이상 사랑하지 않는 사람들(즉 무미건조하거나 환상적인 방식으로만 사랑하는 사람들), 더 이상 살지 않는 사람들(즉 실제 삶보다 내세의 삶을 선호하는 사람들)에 맞서 어떤 대가를 치르더라도 "고귀한 욕망", 진정한 사랑, 충만한 삶을 살 것을 강조합니다.

그는 "인간은 오직 사랑 안에서, 즉 충만함과 정의에 대한 무조건적인 믿음 안에서만 창조할 수 있다."[71]라고 썼습니다. 따라서 인간은 자신에 대한 믿음과 삶에 대한 믿음을 가져야 하며, 이는 재능, 창조, 끊임없는 자기 초월의 움직임인 "존재의 가장 내밀한 본질"[72]과 일치하는 것입니다. 이러한 니체에 대해 프란시스 기발은 다음과 같이 썼습니다.

"니체는 자신의 모든 작품을 통해 단지 앞으로 나아가고, 모든 사람이 지닌 생명의 잠재력을 해방하고, 차이와 타자에 대해 순수하고 조건을 걸지 않는 관계를 만들라고 초대한다. 니체의 관점에서 욕망의 힘과 강렬함은 우리에게 비장한 기쁨과 웃음을 불러일으킨다. 이는 끝없는 변화의 요구, 낮이든 밤이든 환희든 고통이든 현실의 모든 측면에 대한 열정적인 동의를 요구한다."[73]

도취에 대한 찬양

자라투스트라는 순수한 자연스러움, 창의성, 삶의 창조적 움직임에 대한 열정적인 동조를 중심으로 하는 새로운 문화의 선지자입니다. 그리고 이러한 문화는 술과 춤의 신 디오니소스로 상징될 수 있습니다. 니체에게 도취는 모든 창조의 전제 조건입니다. "예술이 존재하기 위해서는, 어떤 미적 행위나 사색이 있기 위해서는 먼저 도취라는 생리적 조건이 반드시 필요하다."[74]

도취의 원인이 무엇이든 중요한 것은 증가된 힘, 충만함, 성취의 느낌, 전체와 연결되어 있다는 느낌으로 의식의 변화된 상태를 경험하는 것입니다. 이때 우리는 영감을 받아 자신과 세상을 변화시키는 창조자가 됩니다. 보들레르가 말한 것처럼 말이죠.

"항상 취해 있어야 한다. 모든 것이 거기에 있다. 그게 유일한 문제이다. [⋯] 취하라, 항상 취하라! 와인, 시 또는 미덕, 무엇 이든 원하는 것에."[75]

3

생의 약동을 높이고
완전히 살아있음을 느끼기

"산다는 것은 그저 연명하며 자신을 존속시키는 것이 아니다.
그것은 위험에 직면하여 극복하는 것이다."

– 조르주 캉길렘

니체는 자라투스트라를 통해 이렇게 말했습니다. "그리고 삶 자체가 나에게 이 비밀을 말해주었다. '보라, 나는 항상 스스로를 극복해야 하는 존재이다'라고."[76] 수십 년 후, 프랑스 철학자 앙리 베르그송은 당대의 생물학에 비추어 스피노자와 니체의 사상을 확장한 중요한 저작인 《창조적 진화》(1907)를 출판했습니다. 베르그송은 "철학자에게는 자신의 철학과 스피노자의 철학 이렇게 두 가지 철학만 있다"고 썼을 만큼 스피노자를 공공연하게 따랐습니다. 그것은 또한 끊임없이 자신을 뛰어넘기 위해 노력하는 삶의 창조적 힘에 대한 니체의 직관을 확장하는 것이기도 합니다.

베 르 그 송 과   생 의   약 동

베르그송은 자연 속에서 벌어지는 "새로움의 영구적 창조"라는 주제를 깊게 연구했습니다. 그는 생명의 진화를 설명하는 두 가지 주요 이론을 차례로 살펴본 후 이를 넘어설 것을 촉구합니다.

하나는 아리스토텔레스에서 라이프니츠에 이르기까지의 목적론적 설명입니다. 자연이 목적을 추구한다고 간주하는 이론으로 이에 따르면 자연은 궁극 원인(목적인)에 의해 움직입니다. 또 하나는 데카르트 이후 현대 과학의 진화에 대한 기계론적 설명입니다. 모든 최초의 요인은 특정한 목적을 따르지 않고 기계적으로 전개된다(작용인)는 것입니다. 베르그송은 이 두 가지 견해 모두 모든 것이 처음부터 주어져 있다고 주장하기 때문에 오류임을 보여주려고 합니다. 즉, 아직 일어나지 않은 것을 추론할 수 있는 초기 의도나 초기 물질 데이터를 통해 모든 것이 이미 결정되어 있다고 주장한다는 것입니다.

이러한 주장에 대해 베르그송은 자신의 '생의 약동' 이론을 통해 반박합니다. '생의 약동' 이론은 초기 데이터를 통해 추론할 수 있는 예정된 계획이나 예측 가능한 미래가 없다는 것을 보여주는 수많은 생물학적 관찰에 기반을 두고 있습니다. 그리하여 생명의 진화는 창조적인 충동으로 끊임없이 스스로를 발명해 나가기에 예측할 수 없는 것이라고 설명합니다.

'생의 약동'은 생명과 존재의 진화와 함께하는 영구적인 창조적 운동을 의미합니다. '생의 약동'은 발생하는 장애물을 생명이 극복할 수 있게 할 뿐만 아니라, 생명이 뚜렷한 형태로 현실에 나타나자마자 곧바로 새로운 형태를 향해 지속적으로 나아갈 수 있게 합니다. 따라서 끊임없이 이동하고 움직임을 확장하면서 새로운 것을 창조합니다. 자유 그리고 본능의 초월을 가능하게 하는 인간 의식의 출현은 예술과 신비주의에서 정점을 이루는 창조적 약동의 결정적인 단계입니다. 그리고 이러한 생명의 약동은 종과 개체 수준 모두에서 "엄청난 내적 추진력"[77]을 특징으로 드러냅니다. 우리 모두는 발전하고, 성장하고, 적응하고, 진화하고, 창조하고, 발명하도록 이끄는 생의 약동에 의해 지탱되고 힘을 받고 삶을 헤쳐 나가게 됩니다.

따라서 베르그송의 생의 약동은 아리스토텔레스의 욕망의 힘, 스피노자의 힘으로서의 욕망, 니체의 힘에의 의지와 일맥상통합니다. 그러나 베르그송은 생명 진화의 역사적 차원과 그것이 지닌 탁월한 창조적 특성을 강조합니다. 또한 그는 세상을 움직이는 생의 약동과 우리 각자가 내적으로 다시 연결되며, 그것의 움직임과 창조적 힘에 연결되어야 한다는 점을 보여주고자 했습니다.

"창조적 진화의 목표 중 하나는 전체가 자아와 동일한 본성을 가졌으며, 자기 자신 속으로 더욱 완전히 들어갈 경우 그 사실을 알아차릴 수 있다는 점을 보여주는 것이다."[78]

베르그송은 우리 모두가 경험하는 것, 즉 우리가 세상, 자연, 삶과 온전히 연결되어 있다고 느낄 때 완전한 기쁨을 경험할 수 있다고 이야기합니다. 마치 오케스트라에서 각자의 자리에서 자기가 맡은 역할을 수행하는 것처럼 말이죠. 우리는 세상의 교향곡 속에서 조화를 이루고 있다고 느낍니다. 우리 자아는 전체와 연결되어 있습니다. 우리는 삶과 마법 같은 관계를 맺고 있다고 느낍니다. 생의 약동은 우리를 거쳐 흐릅니다. 그리고 우리는 저마다 개성적 연주로 자기 차례에서 창조자가 되거나 감사의 마음속에서 그 연주를 감상함으로써 생의 약동을 풍요롭게 합니다. 우리를 이 생의 약동과 연결하고 그것을 키울 수 있게 하는 보편적인 경험은 무엇일까요?

창조성의 함양

창조성은 분명 가장 먼저 떠오르는 경험입니다. 창조성이란 예술 창작뿐만 아니라 더 넓게는 기업가, 스포츠맨, 요리사, 장인, 지식인 등 모든 분야에서 발휘될 수 있습니다. 펠레, 마라도나, 지단과 같은 축구 선수들은 뛰어난 영감으로 창조적인 경기를 펼쳐냈습니다. 어떤 분야에서든 성공한 기업가들 대부분은 창의성이 풍부하고 직관적이며, 그들이 만들어낸 혁신 덕에 성공할 수 있었습니다.

지식인이 새로운 개념을 창안하거나 독창적이고 계몽적인 지식의 종합을 이뤄내듯이 장인은 창의력을 발휘하여 새로운 기술이나 모델을 발명하고 독창적인 방식으로 재료를 가공할 수 있습니다. 물론 예술은 창작뿐만 아니라 창작의 해석으로도 매우 창조적인 경험을 하게 만듭니다. 배우가 극작가만큼이나, 연주자가 작곡가만큼이나 창조적일 수 있는 것처럼 말입니다. 창작을 통해, 창조성을 통해 우리는 생명의 창조하는 힘에 직접 참여합니다.

창조할 때 우리는 완전히 살아있음을 느낍니다. 창조성이 우리의 활력을 증가시키기 때문입니다. 까뮈가 말했듯이 "창조한다는 것은 두 번 사는 것"[79]입니다. 창조의 과정은 삶의 향기를 더하고 생의 약동을 고조하며 살아있다고 느끼게 합니다.

저는 이런 느낌을 잘 알고 있습니다. 글을 쓰다가 갑자기 새로운 아이디어가 떠올랐을 때, 뜻 깊은 표현들을 접하며 행복한 충격을 받았을 때, 복잡한 개념을 적절하고 명확하게 표현할 수 있게 되었을 때 받는 느낌이니까요. 커다란 기쁨에 휩싸이고, 마음을 사로잡는 영감을 마치 우주나 생명이 외부에서 불어넣는 게 아닐까 하는 인상을 받곤 합니다.

아이들은 놀이를 통해 창조성을 자연스럽게 표현합니다. 그래서 가장 효과적인 교육 방법에는 아이들이 학습하는 동안 창조성을 느낄 수 있는 놀이 요소가 포함되어 있는 경우가 많습니다. 예를 들어, 셀린 알바레즈는 저서 《아이의 자연법칙》(열린책들, 2020, 《아이의 뇌는 스스로 배운다》라는 제목으로 출간)에서 배우고자 하는 욕망을 아이들이 스스로 추구하도록 허용해야 한다는 점을 분명하게 보여줍니다.

세무사인 제 친구 하나는 자기 직업이 창의력을 발휘할 수 있어 좋다고 말했고, 학교 교사인 또 다른 친구도 수업에서 혁신을 멈추지 않는다며 그래서 자기 직업이 좋다고 했습니다. 실제로 많은 직업에서 창의력을 발휘할 수 있는 기회가 열려 있습니다. 물론 그렇게 느끼기 어려운 직업도 분명 있습니다. 반복적인 동작을 해야 하는 직업이나 지루한 행정 업무를 해야 하는 직업처럼 말이죠. 이런 직업에 종사하는 사람들은 슬픔에 빠지거나 활력을 잃지 않으려면 예술, 요리, 스포츠, 여가 활동 등 다른 일에서라도 창의력을 발휘할 수 있어야 합니다.

자 연 과   연 결 되 기

어렸을 때부터 저는 자연과의 접촉이 저를 재생시킨다는 중요한 사실을 깨달았습니다. 그래서 슬프거나 불행할 때면 집의 넓은 정원에 있는 나무에 오르거나 집 옆의 작은 개울에 가서 놀거나 그냥 풀밭에 누워 구름을 보며 시간을 보내곤 했지요. 그러면 곧 기분이 나아지고 기운이 돋고 명랑해졌습니다. 어른이 되어서는 대부분의 시간을 시골에서 보내기로 마음먹었습니다. 텃밭에서 작물을 키우거나 숲을 산책하거나 바다에서 수영을 할 때마다 몸과 마음이 소생하는 기분이 들면서 즐겁고 행복해졌습니다.

동물과의 접촉도 큰 도움이 됩니다. 시골에 살다 보니 개와 고양이를 키울 수 있었고 이들과 함께하면서 저는 많은 것을 얻을 수 있었습니다. 특히 유기 동물을 구조하는 일을 늘 해왔는데 그 동물들이 감사하는 모습을 보여주어 큰 감동을 받곤 했습니다. 사별이나 이별 등 힘든 순간을 겪을 때 고양이들이 가르릉거리며 다가와 저를 위로해준 적이 몇 번이던지요. 개들이 사랑스럽고 즐겁게 함께해주며 시련을 극복하고 삶의 활력과 기쁨을 되찾게 해주었던 적은 또 얼마나 많았던지요.

영감을 얻으려면 자연이 필요합니다. 저는 50권 정도의 책을 썼는데요, 도시에서는 한 줄도 쓸 수 없었습니다. 글을 쓸 때는 아이디어를 떠올리기 위해 산책을 하고, 아름다운 풍경 앞에서 쓰는 것을 좋아합니다. 파리, 뉴욕, 로마, 암스테르담 등 특정 대도시를 많이 좋아하기는 하지만 그런 곳에서 몇 주간 계속 지내다 보면 점점 마음이 불편해지고 스트레스를 받으며 지쳐가기 십상입니다. 자연과 연결되면 활력이 커지고 영감과 창조성이 샘솟지만, 도시에 살면 활력이 떨어지고 영감이 시들해집니다. 물론 사람마다 다르겠지요. 카페에서만 영감을 얻는 작가가 있다는 사실을 저도 알고 있습니다.

어렸을 때 시골을 경험하지 못한 일부 사람들은 자연 속에서 금세 싫증이 나고 불안해질 수도 있습니다. 하지만 일반적으로 인간은 꼭 필요한 자연과의 연결고리를 통해 안정감과 위안을 얻고 활력을 되찾습니다. 생의 약동으로 향하려면 꼭 자연과 연결되어야 합니다. 2020년 코로나19로 인한 1차 봉쇄 기간 동안, 운 좋게도 정원이 있거나 시골에 사는 사람들은 훨씬 더 나은 경험을 했습니다. 좁은 아파트 공간에 고립되었던 도시 거주자들 중에는 더 넓은 공간을 찾아 도심을 떠나 시골에 정착할 필요성을 느낀 사람도 많았습니다. 자연에 둘러싸인 주택 부동산 시장이 호황을 누린 것이 우연은 아니었던 거죠.

스위스 정신과 의사 칼 구스타프 융은 이미 1950년대 중반에 자연과 단절된 현대 서구인의 정신적 위험에 대해 경고한 바 있습니다. "돌, 식물, 동물은 더 이상 인간에게 말을 걸지 않는다. 자연과의 접촉은 끊겼고, 그 상징적 관계에서 생성되는 깊은 정서적 에너지도 함께 사라졌다."[80] 융은 이러한 분리가 많은 신경증과 불안장애의 원인이라는 것을 일찍이 관찰한 바 있습니다.

그 후로 상황은 더욱 악화되었습니다. 오늘날 미국 심리학자들은 불안, 스트레스, 주의력 장애, 시각 장애, 우울증 등 여러 가지 병리 현상을 "자연 결핍 장애"[81]라고 지칭합니다. 특히 더 이상 자연과 접촉하지 않는 신세대 어린이("실내 어린이" 또는 "집 안에 갇힌 어린이"라고 함)가 활력과 욕망, 생의 약동이 저하되는 우울 증상을 보이는 것에 대해 우려하고 있습니다.

자연은 의심할 여지 없이 인생 최고의 스승입니다. 우리는 자연을 관찰하면서 생태계의 놀라운 균형을 발견합니다. 각 식물과 동물은 전체의 조화를 유지하는 데 중요한 역할을 한다는 사실 말입니다. 자연은 다름을 두려워하지 않습니다. 다름은 오히려 풍요로움입니다. 자연의 모든 곳에는 상호관계의 역동성이 존재합니다. 모든 것이 모든 것과 상호 작용하면서 생명을 불어넣고 생동감이 넘치게 합니다. 우리는 자연의 모든 곳에서 작동하는 생의 약동, 저항력, 적응력, 창조력을 볼 수 있습니다. 삶의 지혜를 얻을 수 있는 본보기로서 자연과 연결되어야 하는 이유가 바로 거기 있습니다.

몸 을 살 며 마 음 을 키 우 기

생의 약동과 연결되기 위해서는 몸을 사는 것 역시 꼭 필요합니다. 우리는 오감으로 세상의 에너지를 포착하기 때문입니다. 자연과의 단절이 불러온 결과 중 하나는 감각 지각 능력의 현저한 저하입니다. 이 현상은 비디오 게임이나 소셜 네트워크, 지적 작업에 몰두하며 스크린 앞에서 많은 시간을 보내는 젊은이들에게 더욱 두드러집니다. 과도하게 대뇌 활동에 집중한 결과 감각 주의력 결핍이 발생합니다. 인지 능력만 커지고 감각 능력은 쪼그라드는 것이지요.

이것이 새로운 현상은 아닙니다. 1910년 스위스 의사 로저 비토즈Roger Vittoz는 많은 도시 거주자들이 뇌 기능 장애와 관련된 신경 및 주의력 장애를 겪고 있다는 점을 지적했습니다. 그리고 그는 감각 지각과 의식 발달에 기반한 대뇌 조절 능력의 재훈련을 통해 이러한 장애를 치료하는 방법을 개발했습니다.

그의 치료법은 환자가 이완을 통해 대뇌의 통제력을 내려놓고 감각에 대한 의식을 회복하도록 돕는 것입니다. 환자는 점차 만지고, 보고, 맛보고, 냄새 맡고, 듣는 즐거움을 재발견하게 됩니다. 포도를 천천히 음미하거나 차가운 물체를 만지면서 감각에 온전히 집중하는 등의 간단한 운동을 통해 신체의 지각과 다시 연결되는 법을 배웁니다. 이러한 재훈련은 뇌 작동 방식의 변화에 효과를 보이면서 환자에게 영향을 미치던 신경 장애를 제거합니다.

이 치료법은 미국 의사 존 카밧진이 개발한 마음챙김이라는 현대적 실천에 큰 영감을 주었습니다. 마음챙김은 주의력 장애와 불안 장애를 줄이기 위해 두뇌의 통제력을 내려놓고 신체 감각과 다시 연결하도록 도와주는 일종의 세속적 명상입니다. 저도 청년 시절에 주의력 결핍 장애를 겪었습니다. 당시에 비토즈 방법을 통해 치료를 받았는데 큰 효과가 있었습니다. 그 후로 35년 넘게 마음챙김 명상을 실천해오고 있지요. 저는 삶 속에서 자신의 존재감을 더 크게 느낄 수 있도록 도와주는 이러한 실천의 효과를 보아왔고, 지금도 계속 보고 있습니다.

자연 한가운데 살면서도 온갖 걱정거리와 씨름하며 산책을 했더라면 아무런 혜택도 얻지 못했을 겁니다. 반대로 모든 감각, 모든 냄새, 모든 시야, 모든 소리에 온몸으로 집중할 때, 우리는 진정 살아있음을 느끼면서 더 즐거워지고 더 많이 욕망하게 됩니다. 걸어서나 자전거 타고 출퇴근을 하는 등 규칙적으로 운동을 하면 매우 유익합니다. 움직일 때 우리 몸은 활력을 되찾고 혈액 순환이나 호흡 등 중요한 기능의 균형을 유지할 수 있습니다. 그뿐 아니라 더 탄력 있고, 더 역동적이며, 더 평온하고, 더 즐거운 기분을 느끼게 됩니다. 따라서 날마다 마음을 다잡고 어떤 운동이라도 꾸준히 하는 것은 생의 약동을 키우는 훌륭한 방법입니다.

우리 몸을 살기가 생의 약동과 강한 욕망을 키우는 데 꼭 필요한 것이라면, 우리의 정신 또는 영혼(우리 내면에 어떤 이름을 붙이든)도 마찬가지입니다. 우리의 정신, 영혼은 영양을 공급받아야 합니다. 그렇지 않으면 우리 존재의 필수적인 부분이 위축됩니다. 의욕이 떨어지거나 우울한 사람이 많은 것은 내면의 삶을 키우지 못했기 때문입니다.

2010년에 저는 《내면의 삶에 관한 소론*Petit traité de vie intérieure*》(마인드큐브, 2023, 《내면의 삶》)이라는 책을 출간했는데, 수백만 명의 독자가 읽어주었습니다. 우리가 충만한 인간이 되어 잠재력을 한껏 펼쳐내려면 내면의 삶을 키워야 한다는 점을 철학적 성찰과 구체적인 사례를 통해 상기시켰기 때문이 아닌가 싶습니다. 내면의 삶은 지식, 독서, 성찰을 통해 많은 자양분을 얻습니다. 이를 통해 우리는 지성을 만족시키고 확장하며 세상을 더 잘 이해할 수 있습니다. 또한 성찰, 명상, 자기 관찰을 통해 자양분을 얻기도 합니다.

우리는 우리 안에 감정이 일어날 때 그것을 관찰하고 음미하고 다스리는 법을 터득할 수 있습니다. 억누르거나 의식하지 못한 채 그대로 내버려두기보다는 말입니다. 예를 들어 저는 감동적인 영화를 보거나 책을 읽고 나서 곧바로 다른 활동을 하기보다는 조용히 그 감동을 음미하는 시간을 갖기를 좋아합니다. 이런 식으로 우리는 우리 자신을 살아가는 법을 배우고, 혼자만의 시간을 즐기며 사색하고 명상하고, 감각이나 감정을 찬찬히 돌아보는 법을 배웁니다. 다시 말해, 우리 마음을 음미하는 것입니다. 이러한 내적 활동은 외부 자극에 끊임없이 영향을 받고 동요하며 살 때보다 우리를 훨씬 더 생기 있게 해줍니다.

이제 막 97세가 되신 제 어머니는 더 이상 걸을 수 없어 요양원에 계십니다. 어머니는 지금도 독서와 기도, 사색으로 시간을 보내며 남다른 활력과 생동감 넘치는 정신을 가꾸고 있습니다. 어느 날 함께 식사를 하던 중, 저는 어머니보다 나이가 적은 다른 사람들이 완전히 무기력하고 생기 없고 우울해 보인다는 사실에 놀랐습니다. 어머니는 이렇게 말씀하셨습니다. "이들은 지루함으로 서서히 죽어가는 사람들이란다. 책을 읽지 않고 더는 아무것에도 흥미가 없지. 뉴런이 충분히 움직이지 않아서 빠르게 기억력을 잃는 사람도 많아." 내면의 삶을 살고 마음을 가꾸면 지루할 틈이 없습니다. 우리에게는 항상 생각하고, 명상하고, 배우고, 욕망하는 무언가가 있습니다. 그것은 우리를 자극하고 활기를 불어넣어 줍니다.

인간의 정신은 충분히 만족하려면 사색이 필요합니다. 플라톤, 아리스토텔레스, 플로티노스에게 명상(세상의 아름다움에 대해서든 신성한 아름다움에 대해서든)은 우리의 정신이 온전히 즐기고 휴식을 취하기 위해 열망하는 궁극적인 활동입니다. 아리스토텔레스는 《니코마코스 윤리학》 끝머리에 다음과 같이 말했습니다.

"정신은 신의 속성이므로, 정신을 따르는 존재는 인간의 삶을 살면서도 진정 신성한 존재가 될 것이다. 따라서 우리는 인간이라는 구실로 인간적인 것만 생각하고, 죽을 운명이라는 구실로 불멸의 것을 포기하라고 조언하는 사람들의 말을 들어서는 안 된다. 반대로, 우리 자신을 불멸의 존재로 만들고 우리 자신의 가장 탁월한 부분을 따라 살기 위해 최선을 다해야 한다. 왜냐하면 신의 원리는 그 차원이 아무리 보잘것없더라도 그 힘과 가치에 있어서 다른 어떤 것보다 훨씬 더 중요하기 때문이다. 그러므로 인간의 고유한 속성은 정신적 삶이다. 본질적으로 인간을 구성하는 것은 정신이기 때문이다. 그런 삶 역시 완벽하게 행복할 것이다."[82]

저 또한 제 영혼이 저를 초월하고, 뭐라 지칭하든 상관없는 더 큰 무언가와 하나가 되는 명상의 순간이 어김없이 필요합니다. 저는 이런 깊은 내면의 시간에 종종 사랑과 기쁨을 느끼며 "감사합니다"라고 기도할 뿐입니다.

온전한 삶을 살기 위해 죽음을 받아들이기

언뜻 역설적으로 들릴지 모르지만, 저는 충만한 삶을 살면서 그렇게 살아있다고 느끼는 가장 좋은 방법 중 하나가 죽음을 받아들이는 것이라고 확신합니다. 우리의 삶 전체가 죽음에 대한 두려움을 중심으로 이루어진다면, 우리는 옹색한 삶을 살 가능성이 커집니다. 앞서 니체가 무엇보다도 안전과 건강을 추구하는 새로운 형태의 허무주의를 강하게 비난했다는 점을 살펴보았습니다. 이러한 강박관념은 우리에게 무슨 일이 일어날지 모른다는 끊임없는 두려움에 사로잡혀 협소한 방식으로 살아가게 만들기 때문입니다. 어떻게든 죽음을 피하고 싶어 함으로써 우리는 살아있는 죽은 자가 됩니다.

전 세계적으로 코로나19가 유행한 지난 몇 년 동안 많은 사람들이 건강에 대한 집착을 드러냈고, 위기에 대한 정치적 관리에서도 이러한 집착이 드러났습니다. 개인의 자유와 모든 사람의 심리적, 정서적 균형을 희생해서라도 질병으로부터 최대한 많은 생명을 구하는 것보다 더 중요한 것은 없었습니다.

2020년 봄, 저는 앙드레 꽁트-스퐁빌을 따라 건강을 최고의 가치로 삼는 정책을 비판했고, 2021년 7월에는 건강이라는 명목의 집착으로 공화주의 신조인 자유, 평등, 우애를 무시하는 보건패스의 도입을 비판했습니다. 백신 접종은 위험에 노출된 집단을 대상으로 하는 것이 더 적절했을 것입니다. 동반질환이 없음에도 코로나에 걸릴까 봐 얼마나 많은 사람들이 생계를 중단했고, 질병과 관련이 거의 없는데도 아이들에게 얼마나 많은 심리적 피해를 주는 제한 조치를 취했는지!

죽음에 대한 두려움은 삶을 제한할 뿐 아니라 빈약하고 무미건조하게 하는 개인적, 집단적 선택을 하도록 만듭니다. 하지만 진정으로 살지 않는다면 백 년을 살든 무슨 소용이 있을까요! 항불안제와 항우울제를 먹고 사는 경우도 마찬가지입니다. 요즘에는 항불안제의 이름인 아타락스가 에피쿠로스학파와 스토아학파가 추구했던 내면의 평화인 아타락시아를 대체했습니다. 죽음을 직시하는 철학적 지혜의 결실인 즐거운 평온 대신에 우리는 때때로 생의 약동을 억제하는 약물 탓에 멍해지는 자신을 발견합니다.

우리가 어떤 대가를 치르더라도 피하려고 하는 고통도 마찬가지입니다. 누구도 고통 받길 원하지 않지만, 어떤 사람들은 삶을 온전히 살기 위해 위험을 감수함으로써 (죽음의 가능성을 받아들이듯이) 고통의 가능성을 받아들입니다. 마음을 활짝 열고 사랑을 할 때 우리는 고통의 위험을 감수합니다. 격렬한 스포츠를 직접 할 때에도 부상의 위험을 감수해야 합니다. 팬데믹 기간에 마스크 착용이나 특정 차단 조치와 같은 예방 조치를 취하지 않고 여느 때처럼 정상 생활을 하기로 결정하면 질병에 걸릴 위험이 있습니다. 요컨대, 우리는 고통의 위험을 피함으로써 고통을 줄일 수도 있고 반대로 고통을 받아들임으로써 그 강도를 높이는 방식으로 삶을 살아갈 수도 있습니다. 그런데 후자의 경우에는 고통이 우리를 성장시킬 수 있음을 경험하기도 합니다.

니체가 "우리를 죽이지 않는 것은 우리를 더 강하게 만든다"고 말했듯이, 시련은 우리를 더 강하게 만들 수 있습니다. 우리의 면역체계가 스스로를 강화하기 위해 적과 싸워야 하는 것처럼, 우리의 정신도 더 강해지기 위해 어려움과 장애물을 극복해야 합니다. 니체는 《힘의 의지》에서 스피노자주의적 어조로 이렇게 잘 표현했습니다.

> "인간이 원하는 것, 살아있는 유기체의 가장 작은 단위가 원하는 것은 힘의 증가이다. 이 목표를 향한 열망에는 즐거움과 불만이 있다. 인간은 자신의 의지 하나하나에서 저항을 추구하고 자신에게 반대할 무언가가 필요하다. … 따라서 힘의 의지를 가로막는 불만은 정상적인 요소, 모든 유기 현상의 정상적인 요소이다. 인간은 그것을 피하지 않는다. 오히려 그것이 끊임없이 필요하다. 모든 승리, 모든 쾌감, 모든 결과는 극복된 저항을 전제한다."[83]

니체는 우리에게 고통을 추구하라고 권하는 어떤 고통주의적 교리와도 다르게 고통이 있을 때 그것을 겪고 극복하라고 권유합니다. 고통이 우리를 성장시킬 수 있다는 것을 알기 때문이지요. 트라우마를 "놀라운 불행"이라고 일컬은 프랑스 정신과 의사 보리스 시뤌니크에게서 이와 비슷한 생각을 찾아볼 수 있습니다. 그는 자신과 환자들의 삶에서 인생의 시련을 겪은 후 다시 회복하고 성장하는 회복탄력성 현상을 관찰할 수 있었습니다.

삶을 생물학적 보존으로만 축소하지 않아야 합니다. 산다는 것은 즐기는 것이자 또한 고통 받는 것입니다. 성장하기 위해 장애물을 극복하는 것입니다. 온갖 종류의 감정과 느낌으로 진동하며 살아가는 것입니다. 웃고 울고, 때로는 목숨을 걸고 사랑하는 것이며, 위험을 감수하고 안전보다 자유를 선호하는 것입니다. 죽음을 삶의 반대가 아니라 삶의 필수적인 부분으로 보는 것입니다. 산다는 것은 생의 약동과 우리 존재 전체를 사로잡는 욕망의 힘에 자신을 맡기는 것입니다.

바 이 오 포 어 와 살 생 제

프랑스 철학자 소피 샤사는 2021년에 출간한 책 《생의 약동. 현대의 마음의 병에 대한 철학적 해독제》[84]에서 "바이오포어biophore"와 "살생제biocide"라는 매우 흥미로운 개념을 소개했습니다.

"바이오포어(문자 그대로 생명의 전달자)는 생의 약동을 활성화하고 키우고 전달하는 모든 경험이다. 바이오포어는 살아있는 생명을 깨우고 자극하고 풍요롭게 한다."[85]

이 장에서 설명한 경험들은 이 정의에 꼭 들어맞습니다. 소피 샤사는 이외에도 매우 중요한 경험인 타인과의 관계를 포함하여 다른 경험들을 추가하는데, 이에 대해서는 사랑에 대해 다루는 다음 장에서 더 자세히 설명하겠습니다.

그녀는 바이오포어와 반대되는 개념으로, 생의 약동을 깨뜨리거나 억누르는 경험을 살생제(문자 그대로 생명 파괴자)로 묘사했습니다. 그리고 이에 대해 이상理想, 불만, 규범이라는 세 가지 주요 요소를 설명합니다. 저는 그녀의 분석에 전적으로 동의합니다. 특히 "생명(생존) 관리 그 자체로 정치적 프로젝트를 만드는 현대의 생물정치"[86]에 대한 비판에 그러합니다. 그녀는 의사이자 과학철학자 조르주 캉길렘의 말을 매우 적절히 인용합니다.

"병리학적 삶의 규범은 이제부터 유기체가 '옹색한' 환경에서 살도록 강요하는 규범이다. 이러한 환경은 구조상으로 이전에 생명이 살았던 환경과는 질적으로 다르다. 유기체가 새로운 상황에 맞춰 반응하거나 시도하면서 새로운 환경의 요구에 대처하는 것이 불가능할 정도로 환경이 매우 협소해지는 것이다.

그런데 동물에게, 특히 인간에게 있어 산다는 것은 그저 연명하며 자신을 존속시키는 것이 아니다. 그것은 위험에 직면하여 극복하는 것이다."[87]

소피 샤사는 이 인용문에 대해 다음과 같이 논평합니다.

"조지 캉길렘의 이 몇 가지 강렬한 문장은 개인만이 아니라 집단 차원에서도 '바이오포어'의 사회적 규범과 '살생제'의 사회적 규범을 구분하는 데 사용될 수 있다. 우리의 행위 능력을 제한하고 생명 보존이라는 이상으로 축소시키는 모든 규범은 우리를 집단적으로 병들게 하는 살생제이다. 다시 말해 우리를 상황에 창의적으로 대응하며 진정으로 자유로워지지 못하는 무기력한 존재로 만들 위험이 있는 것이다. 아이러니하게도 건강에 대한 강박은 건강 상태와 반대되는 것으로, 말 그대로 병적이고 분별없는 정신 이상이다. 오히려 '위험에 직면하고 이를 극복할' 수 있게 하는 메커니즘이야말로 집단의 생명력과 번영을 보장하는 유일한 메커니즘이다. 개인의 건강과 마찬가지로 인간 집단의 건강은 예기치 못한 위험에 직면하여 창의성을 통해 이를 극복하는 능력으로 측정된다."[88]

생의 약동을 키우는 것과 욕망하는 힘을 키우는 것은 같은 것이며, 우리가 완전히 살아있다고 느끼며 살아갈 수 있도록 이끌어줍니다. 앙드레 지드의 "내 욕망 하나하나는 그 욕망의 대상을 헛되이 소유하는 것보다 항상 나를 더 풍요롭게 해주었다."라는 말은, 중요한 것은 욕망의 대상이 아니라 욕망의 움직임 그 자체임을 보여줍니다. 욕망은 우리에게 영감을 주고, 행동하게 하고, 창조성을 발휘하도록 하기 때문입니다.

4

욕망으로서의 사랑이 지닌
세 가지 차원

> "우정의 사랑은 사랑받는 것보다
> 오히려 사랑하는 것에 있다."
> – 아리스토텔레스

우리를 하나로 이어주는 감정적 유대의 복잡성을 더 잘 이해하기 위해 그리스 사상가들은 주요하게 에로스, 필리아, 아가페라는 세 가지 단어를 사용했습니다. 이 단어들 각각은 사랑의 한 형태에 해당하며, 이러한 사랑의 각 차원은 욕망의 한 유형에 해당한다고 말할 수 있습니다.

에로스와 소유의 욕망

앞서 언급했듯이 에로스는 결핍으로서의 욕망에 해당합니다. 플라톤에 따르면 에로스는 어떤 개인을 신적인 관조로 이끌 수 있지만, 무엇보다도 성적이고 애정적인 열정을 키워줍니다. 상대방이 나의 부족함이나 기대를 채워주기 때문에 나는 그를 욕망합니다. 이 욕망으로서의 사랑 유형에서는 소유하기를 원한다고 말할 수 있습니다. 이것은 또한 우리가 사랑의 욕망과 그 대상 사이의 관계를 규정하는 방식이기도 합니다. 초콜릿과 멋진 자동차를 욕망하거나 좋아한다는 것은 그것을 소비하거나 소유하고 싶다는 뜻입니다. 인간관계에서 에로스는 다른 사람이 우리에게 무언가를 가져다주고, 부족한 부분을 채워주고, 우리를 회복시켜주고, 중요하게 생각해주고, 우리를 흥분시키거나 성적으로 만족시켜주기 때문에 그 사람을 사랑하고 욕망하도록 부추깁니다.

앞서 살펴보았듯이 성적 본능은 종종 나르시시즘적 사랑의 형태를 취합니다. 즉, 자존감을 높이기 위해 상대방이 자신을 욕망 어린 시선으로 바라보게 하려고 노력합니다. 이때는 상대방이 나의 생리적 욕구나 환상을 충족시키기 위한 쾌락의 대상으로서 순전히 실용적일 수도 있습니다. 바로 '대상화'하는 것입니다. 좋은 와인을 원하고 사랑하는 것처럼 상대방을 원하고 사랑하는 것이지요. 그러나 상대방이 더 이상 나에게 아무것도 가져다주지 않거나, 상대방에 대한 성적 욕망이 줄어들거나, 내가 더 원하거나 내 필요에 더 잘 반응하는 다른 사람을 만나면 곧바로 상대방에게서 등을 돌립니다.

필리아와 나눔의 욕망

필리아는 아리스토텔레스가 《니코마코스 윤리학》에서 자세히 설명한 사랑의 또 다른 형태입니다. 필리아는 일반적으로 '우정'으로 번역되지만, 프랑스어에서는 매우 구체적인 의미를 지니고 있으므로 '우정의 사랑'으로 번역할 수 있습니다. 사실 아리스토텔레스에게 필리아는 우리가 '우호적'이라고 규정하는 관계뿐 아니라 유용성에 기반한 사회적 관계와 심지어는 배우자, 부모와 자녀 또는 형제자매를 하나로 묶는 깊은 정서적 관계(다른 그리스 저자들은 가족 사랑을 설명할 때 스토르게라는 단어를 선호합니다)를 의미하기도 합니다.

플라톤의 사랑과 결핍으로서의 욕망에 대한 생각을 받아들이면서도 아리스토텔레스는 더 이상 결핍에 기반하지 않는 또 다른 유형의 욕망으로서의 사랑, 즉 존재들을 협력과 상호 애정의 관계로 묶는 사랑이 있다는 것을 보여주고자 했습니다. 그러면서 그는 필리아가 "인생에서 가장 필요한 것"이라고 단언합니다. "친구가 없으면 다른 좋은 것들을 모두 갖고 있더라도 아무도 살기를 선택하지 않을 것"[89]이기 때문입니다.

아리스토텔레스는 필리아의 유형을 세 가지로 구분합니다. 바로 유용성에 기반한 우정의 사랑, 즐거움(쾌락)에 기반한 우정의 사랑, 함께 있는 기쁨에 기반한 가장 완벽한 우정의 사랑입니다. 제가 에로스를 소유하려는 욕망으로 정의했다면 필리아는 나누고자 하는 욕망으로 정의하겠습니다. 이 세 가지 형태의 우정은 각각 교환, 나눔, 상호 풍요로움에 대한 욕망에 해당합니다.

아리스토텔레스는 또한 필리아는 그 유형이 무엇이든 호혜성과 공동의 기획에 기반을 두고 있다고 주장합니다. 두 사람이 서로를 선택하여 공동의 일(코이노니아)을 함께 합니다. 두 사람의 관계가 유용성을 바탕으로 하는 경우에는 예컨대 직업적, 조직적, 정치적 프로젝트를 중심으로 결합할 수 있습니다. 만약 즐거움에 바탕을 둔다면 공동의 일은 함께 나눌 수 있는 여가나 취미 활동이 될 것입니다. 또 함께 있는 기쁨이 바탕이 된다면, 꾸준한 나눔의 순간을 통해 자양분을 공급받는 지속적인 우정이 되거나 배우자와 함께하는 삶이 될 것입니다.

아리스토텔레스는 이 마지막 유형의 우정이 가장 완벽한 우정이라고 설명합니다. 상대방이 단순한 수단이 아니라 그 자체로 목적이 되기 때문입니다. 이때는 다른 사람이 우리에게 가져다주는 것뿐만 아니라 무엇보다도 그 사람 자체를 사랑합니다. 우리의 마음을 움직이는 것은 바로 그 사람의 인격입니다. 따라서 이 우정은 쾌락이나 유용성에 대한 기대 없이 상대방에게 최선을 다하고 상대방을 사랑하는 것이 자신을 위하는 것이 되는 자비로운 사랑(유노이아)에 기초합니다. 우리는 그의 행복에 기뻐하고, 그의 불행에 슬퍼하며, 그가 자신을 실현하고 충만한 존재가 되는 것을 진심으로 바랍니다.

그러므로 필리아 사랑에서 우리의 가장 큰 소망은 사랑하는 사람의 존재를 기뻐하고 그의 행복을 바라는 것입니다. 그때부터 불행은 더 이상 우리가 갖지 못한 것이나 권태 때문이 아니라 사랑하는 사람을 상실하는 것과 관련됩니다. 그리고 그 중 가장 잔인한 현실은 그의 죽음입니다. 이 우정은 매우 견고하며, 친구들은 인생의 부침을 겪을 때마다 서로 돕게 됩니다. 반대로 유용성이나 즐거움에 기초한 우정은 깨지기 쉽습니다. 더 이상 서로에게 유용하지 않거나 함께하는 것이 즐겁지 않게 되는 순간 더 이상 친구가 아니게 되기 때문입니다.

필리아가 어떤 형태를 취하든 우리에겐 언제나 호혜적이고 공평하게 다른 사람과 나누고 싶은 마음이 있습니다. 이러한 나눔은 스스로에게도 유익합니다. 성장하고 발전하고 번영하고, 평화롭게 살면서 즐거움이나 기쁨을 누릴 수 있도록 해주기 때문입니다. 게다가 나눔은 항상 다른 사람에게도 유익합니다. 아리스토텔레스는 호혜성의 이러한 측면을 계속 강조했는데, 바로 이 점이 두 친구를 하나로 묶어주는 우정의 사랑과 상대를 가리지 않는 일반적인 관대함을 구별하게 해줍니다. 우리는 낯선 사람에게 관대함을 보일 수 있는데, 이는 친절의 한 형태입니다. 반면에 우정은 두 사람 사이에서 사적으로 선택되고 원하게 되는 호의적인 관계에 기반합니다.

아리스토텔레스는 또 호혜나 공평함, 공동의 기획이 더 이상 존재하지 않는 순간 우정이 끝난다고 말합니다. 따라서 필리아의 끝은 에로스처럼 소유욕의 끝이 아니라 나눔 가능성의 끝입니다. 유용성, 즐거움, 기쁨이 더는 존재하지 않고 그것들을 함께 나누지 않게 될 때 우정의 사랑은 사라집니다. 아리스토텔레스는 친구나 배우자 사이의 사랑도 상대방이 변하고 더 이상 호혜성과 애정을 공유한다는 느낌을 갖지 못한다면 관계를 끝내는 것이 낫다고 강조합니다. 그는 처음 관계를 맺었을 때는 보이지 않았던 비뚤어진 행동을 반복하면서 고치지 않는 친구나 배우자를 예로 들어 이렇게 설명했습니다.

"우리의 우정은 이런 사람을 향한 것이 아니었다. 따라서 그의 사람됨이 변했고 그를 올바른 길로 돌려놓을 힘이 없다면, 우리는 그와 헤어질 수밖에 없다."[90]

우정의 사랑이 띨 수 있는 궁극적인 형태의 아름다움은 에로스의 자기도취적 거울과 정반대되는 모습을 보여준다는 점입니다. 상대방을 더는 내 기분을 좋게 하는 거울로 바라보는 것이 아니라 상대방이 나를 바라보는 사랑의 시선 속으로 들어가 나를 바라봅니다. 나를 사랑하는 사람은 내가 나를 바라보는 것보다 더 깊고 진실하게 나를 바라보며 소통합니다. 우리 자신에 대한 거짓된 이미지나 우리 자신에게 부여하려는 잘못된 이미지가 아니라 우리의 진실한 모습으로 사랑받는다는 것은 얼마나 큰 기쁨일까요!

아 가 페 와   주 고   싶 은   욕 망

아리스토텔레스는 궁극적인 차원에서 "우정의 사랑은 사랑받는 것보다 사랑하는 것이다"[91]고 말하며 자식에 대한 어머니의 사랑을 예로 들었습니다. 이런 경우에 대해서도 필리아라고 말할 수 있을까요? 우리는 호혜와 공동의 노력을 넘어선 곳에 와 있습니다. 바로 대가를 바라지 않는 무조건적인 사랑입니다. 어머니는 아무것도 기대하지 않고 베풉니다.

이 베풂의 사랑에 붙여진 이름은 아가페입니다. 이 단어는 고대 철학자들의 저술에는 거의 등장하지 않습니다. 이 단어는 히브리어 성경의 그리스어 번역본에는 단 세 번, 그리스도와 동시대의 유대인 사상가인 알렉산드리아의 필론이 쓴 저술에도 몇 차례만 등장합니다. 하지만 신약성경에는 177번이나 등장하기 때문에 이 용어를 대중화시킨 것은 기독교 필자들이라 볼 수 있습니다.

이 경우에 아가페는 신이 인간에 대해 갖는 무조건적인 사랑과 우리가 다른 사람에게 가질 수 있는 완전히 사심 없는 사랑 모두를 의미합니다. 인간은 모두 유일한 신의 자손이기 때문에 같은 형제라는 생각이 담겨 있습니다. 이로부터 단순히 가까운 사람을 사랑하는 것(필리아)이 아니라 낯선 사람이든, 노예든, 외국인이든, 원수든 상관없이 이웃을 사랑하는 것이 중요해졌습니다.

아가페를 가장 잘 정의하는 신약성경 본문은 요한의 첫째 편지와 바울이 고린도인들에게 보낸 첫째 편지입니다. 요한은 그 편지에 이렇게 썼습니다.

> 사랑하는 여러분에게 당부합니다. 우리는 서로 사랑합시다. 사랑은 하느님께로부터 오는 것입니다. 사랑하는 사람은 누구나 하느님께로부터 났으며 하느님을 압니다.
> 사랑하지 않는 사람은 하느님을 알지 못합니다. 하느님은 사랑이시기 때문입니다.
> 우리는 하느님께서 우리에게 베푸시는 사랑을 알고 또 믿습니다. 하느님은 사랑이십니다. 사랑 안에 있는 사람은 하느님 안에 있으며 하느님께서는 그 사람 안에 계십니다.[92]

바울은 자신의 장엄한 찬송에서 아가페 사랑에 대해 감동적인 찬사를 보냈습니다.

내가 사람의 모든 말과 천사의 말을 할 수 있을지라도, 내게 사랑이 없으면, 울리는 징이나 요란한 꽹과리가 될 뿐입니다. 내가 예언하는 능력을 가지고 있을지라도, 또 모든 비밀과 모든 지식을 가지고 있을지라도, 또 산을 옮길 만한 모든 믿음을 가지고 있을지라도, 사랑이 없으면, 아무것도 아닙니다. 내가 내 모든 소유를 나누어줄지라도, 내가 자랑삼아 내 몸을 넘겨줄지라도, 사랑이 없으면, 내게는 아무런 이로움이 없습니다.

사랑은 오래 참고, 친절합니다.

사랑은 시기하지 않으며, 뽐내지 않으며, 교만하지 않습니다.

사랑은 무례하지 않으며, 자기의 이익을 구하지 않으며, 성을 내지 않으며, 원한을 품지 않습니다.

사랑은 불의를 기뻐하지 않으며, 진리와 함께 기뻐합니다.

사랑은 모든 것을 덮어 주며, 모든 것을 믿으며, 모든 것을 바라며, 모든 것을 견딥니다.[93]

아가페 사랑의 개념이 특정한 신학적 맥락에서 형성되긴 했지만, 이 개념은 조건 없는 사랑이라는 의미로서 훌륭하게 세속화될 수 있습니다. 예를 들어, 자녀에 대한 부모의 사랑, 때로는 배우자 간의 사랑뿐만 아니라 타인에 대한 대가를 바라지 않는 사랑도 있습니다. 낯선 사람의 목숨을 구하기 위해 자신의 목숨을 걸 때, 그것은 에로스나 필리아가 아니라 아가페입니다.

아가페 개념은 고통받는 모든 사람을 돕고자 하는 열렬한 욕망을 가리키는 불교의 자비(카루나) 개념과 매우 비슷합니다. 따라서 아가페 사랑은 주고자 하는 욕망을 표현합니다. 에로스는 자신에게 부족한 것을 소유하고자 하는 욕망이고 필리아는 사랑하는 사람과 나누고자 하는 욕망인 반면, 아가페는 대가를 바라지 않고 베풀고자 욕망하는 인간이 지닌 사랑의 차원(신자들이 신에게서 유래한다고 생각하는)을 의미합니다.

애 정 관 계 에 서 욕 망 의 세 가 지 차 원

애정 관계에서는 이 세 가지 유형의 욕망이 존재할 수 있습니다. 에로스는 거의 모든 경우에 존재합니다. 성적 매력에 이끌리고 욕망을 강렬하게 자극하는 것은 바로 에로스이기 때문입니다. 드문 경우이긴 하지만, 에로스가 없으면 애정 관계에서 성욕도 성적 흥분도 없을 것입니다.

어떤 경우에는 에로스만 있을 뿐입니다. 강한 성적 매력, 결핍을 채우기 위해 필요한 상대방, 성적 환상의 투영 같은 것들 말입니다. 이런 경우에는 아무리 돈독한 관계라 해도 지속되기 어려울 것입니다. 조만간 성적 욕망이 줄어들거나 자기 본위의 동반자 관계에 금이 가거나 성적 환상이 사라지면서 환멸과 무관심, 분노로 이어질 것입니다.

대부분의 경우 에로스는 필리아와 함께 존재합니다. 우리는 우리의 기대와 결핍을 채워주는 파트너에게 성적 욕망을 느끼지만, 상대방을 알아가며 시간이 흐르면 점차 애착이 생기고 그 사람 자체를 사랑하게 됩니다. 대부분의 부부는 소유의 욕망과 나눔의 욕망이라는 두 가지 유형을 경험합니다. 시간을 두고 두 욕망이 번갈아 나타날 뿐이죠. 성적 욕망의 힘이 주도하는 시기를 지나 애정과 한마음이 그 자리를 대신하면서 부부 관계를 유지시키는 것이라고 말할 수 있습니다.

아가페는 관계 속에서 발전할 수도 있습니다. 상대방을 더 많이 사랑할수록 기대나 소유욕 없이 조건 없는 사랑을 할 수 있습니다. 무엇보다도 우리는 그가 행복하기를 바라며, 그에 대한 우리의 사랑은 더 이상 그가 우리에게 주는 사랑을 조건으로 달지 않습니다. 저널리스트이자 작가인 쥘리 클로츠^{Julie Klotz}는 최근에 펴낸 사랑에 관한 멋진 책에서 이렇게 썼습니다.

"그것은 감정 너머의, 자아에서 해방된 사랑이다. 그것은 용서를 의미한다. 영혼과 영혼의 만남은 두 자유의지, 온전한 두 존재를 결속한다. 모든 육욕과 탐욕, 그러니까 이기심에서 벗어나 소유욕도 없고 매인 곳도 없는 그것은 결핍 없는 모든 것에 대한 사랑이다."[94]

그녀는 또한 둘 사이의 삶이 성공하기 위해서는 생물학, 심리학, 문화, 영성 등 사랑의 삶을 좌우하는 네 가지 차원을 인식할 필요가 있다고 강조합니다.

마지막으로 변함없이 균형 잡힌 부부는 충만한 성생활, 깊은 우정, 무조건적인 사랑이라는 세 가지 차원의 욕망으로서의 사랑을 경험하며 살아간다고 저는 생각합니다. 이 세 가지 욕망으로서의 사랑은 각각의 상대적 크기가 부부들마다 다 다를 것입니다. 그리고 시간이 흐름에 따라 변할 수도 있습니다. 하지만 이 세 가지 차원은 튼튼하고 충만하고 오래 지속하는 관계에 반드시 필요합니다.

타인과의 연결과 생의 약동

우리는 이전 장에서 생의 약동이 창조성을 통해, 즉 우리의 몸을 살아가는 방식과 우리 정신에 자양분을 공급하는 방식, 하늘과 바다, 식물과 동물 등 자연과의 근본적인 연결을 통해 피어난다는 점을 보았습니다. 생의 약동은 또한 우리가 다른 사람들과 맺는 연결의 질에도 큰 영향을 받습니다. 살아있음을 느끼고, 성장하고, 활짝 피어나려면 인간은 사랑하고 사랑받고, 존중받고, 다른 사람들에게 필요한 존재가 되어야 합니다.

우리는 살아가면서 우리에게 영향을 미치는 만남을 경험하게 됩니다. 스피노자가 지적했듯이 어떤 이들은 우리의 생의 약동과 기쁨을 키워줍니다. 우리에게 활력을 준다고 말할 수 있지요. 그렇게 되면 우리 마음속에 새로운 욕망이 생겨납니다. 반대로 어떤 사람들은 우리의 생명력을 감소시키며 슬픔에 빠지게 합니다. 우리에게 부정적인 영향을 주는 것입니다. 그러면 우리의 욕망하는 힘은 말라버립니다. 또 특정 관계가 처음에는 좋은 자극을 주지만 나중에는 우리를 짓누르는 일이 종종 일어납니다. 우리가 서로 다르게 변했다거나 성적 열정의 환상에서 벗어났기 때문일 수 있겠지요. 그러므로 우리의 생명력을 강화하기는커녕 억누르는 관계는 멀리하는 것이 좋을 것입니다.

저는 이런 상황에 처하게 되면 창조성이 감소한다는 것을 깨달았습니다. 해롭게 된 정서적 관계는 창조성을 억압하는 반면, 긍정적인 관계는 창조성을 피어나게 합니다. 하지만 세상일이 항상 간단치만은 않습니다. 의존적이라거나 약하다고 알고 있는 사람, 또는 무언가를 중심으로 돈독한 관계(가족 또는 직업)를 맺었던 사람을 떠나는 것이 때때로 고통스럽다는 것은 분명합니다.

앞서 언급한 세 가지 형태의 사랑은 다양한 방식으로 우리의 생의 약동과 욕망을 키워줍니다. 에로스는 성적 욕망의 힘을 통해 우리의 욕망하는 힘을 북돋습니다. 필리아는 친교의 삶이나 부부생활의 깊이를 통해 마음의 허물을 벗고 더욱 욕망하도록 만듭니다. 마지막으로, 아가페는 보편적 사랑의 가장 커다란 울림 속에서 우리를 공명하게 하며, 관대함과 풍요로운 삶의 마법 같은 선순환으로 우리를 인도합니다. 치료사이자 정교회 신학자인 필립 도테는 이러한 경험에 대해 깊게 파고듦으로써 우리는 점차 모든 것이 선물이라는 점을 인식하게 된다고 썼습니다.

"우리 내면에서는 스스로에게 주고 싶은 욕망이 솟아난다. […] 이에 따라 우리는 연쇄적인 상승으로 나아간다. 더 많이 베풀수록 내면의 풍요로움이 솟아나고, 삶의 아름다움을 더 많이 발견하고, 건네지는 선물을 더 잘 받아들이게 된다. 또한 더 많이 베풀수록 주는 것보다 더 많이 받는다고 스스로 느끼게 된다. 다른 사람을 위해 봉사할 줄 아는 사람은 자신이 받은 모든 것을 증언하고 있는 것이다."[95]

인류의 모든 위대한 신비주의자와 영성가들이 보여주는 것은 바로 이러한 욕망과 보편적 사랑의 경험입니다.

5
욕망의 신비

"예수는 욕망을 가르치시고
우리를 욕망으로 인도하신다."
– 프랑수아즈 돌토

종교법에 의한 욕망의 규제 문제를 살펴보면서 저는 위대한 종교 전통, 특히 3대 유일신교에 대해 설명했습니다. 그런데 인간의 욕망을 규제하는 데 법 이외의 다른 방법을 옹호하는 신비주의적 흐름이 있다는 점에 대해서는 일부러 언급을 생략했습니다. 이 다른 길은 사랑의 길입니다. 사랑은 우리를 무한히 욕망하게 하고 유한한 욕망에서 벗어나게 합니다.

예수와 사랑의 지혜

스피노자는 종교에 대한 급진적인 비판에서 한 인물, 즉 그리스도만은 제외했습니다. 스피노자는 기독교로의 개종을 거부함으로써 라틴어 선생님 딸과의 결혼을 포기해야 했습니다. 그렇지만 선지자이자 철학자라 여겼던 예수에 대해서는 깊은 존경심을 품고 있었습니다.

사실 스피노자에게는 그리스도야말로 모든 생각이 타당하고 모든 말이 참된 유일한 선지자였습니다. 그는 그리스도를 "신적 지혜의 발현"으로 바라보았습니다. 다시 말해 그리스도가 보편적인 신의 법칙을 완벽하게 이해하고 그것을 실천에 옮겼다고 생각한 것입니다. 이처럼 그리스도는 인간에게 "영원한 진리를 전하여 율법의 속박에서 해방시키면서도 그 법을 확증하고 마음 깊은 곳에 영원히 새겼던" 것입니다.[96] 이 문장은 복음서의 정신을 완벽하게 집약하고 있습니다. 예수는 자신이 "율법을 폐하러 온 것이 아니라 율법을 완성하러 왔다"[97]고 단언합니다. 그러면서 종교법의 진정한 의미는 사랑하도록 인간의 마음을 일깨우는 데 있음을 보여줍니다.

사랑은 율법의 목적이며, 이를 잊으면 율법주의, 죄의식, 그리고 마음을 전혀 변화시키지 못하는 외적 제약에 빠지게 됩니다. 이것이 바로 예수가 안식일에 병자를 고치고, 창녀들과 대화하고, 율법이 돌을 던지라고 명한, 간음하다가 붙잡힌 여인을 용서했던 이유입니다. 예수는 이렇게 모세의 율법 아래에서 온갖 자유를 취함으로써 동시대 사람들에게 계속 충격을 주었습니다. 그리고 이 때문에 대제사장들에 의해 로마인들에게 넘겨져 사형을 선고받았습니다.

복음서의 전체 메시지는 사랑의 메시지로 모아집니다. "사랑하지 않는 자는 하나님을 알지 못하나니 하나님은 사랑이심이라."[98] "나의 계명은 이것이니 곧 내가 너희를 사랑한 것처럼 너희도 서로 사랑하라."[99] 그리하여 신의 형벌에 대한 두려움이나 율법에 대한 맹목적인 충성이 아니라 사랑으로 정의롭게 행동하도록 이끕니다.

한없이 욕망하기

프랑수아즈 돌토는 자신의 저서 《정신분석학으로 바라본 복음L'Évangile au risque de la psychanalyse》에서 예수를 "욕망의 거장Maître du désir"으로 아름답게 묘사합니다. 그러면서 "예수님은 욕망을 가르치고 우리를 욕망으로 이끄신다."고 썼습니다. 사실 이 사랑의 지혜는 욕망에 중심적인 위치를 부여하기도 합니다. 그리스도는 결코 판단하거나 정죄하지 않고, 삶에 찌들었거나 '죄인'으로 여겨지는 사람을 만나면 그 욕망의 방향을 바꾸게 하려고 노력합니다.

'죄'라는 단어는 히브리어 '하타트hata't'에서 유래한 것으로, 조준이 잘못되어 목표를 벗어나게 했다는 뜻입니다. 예수에게 있어서 죄를 지은 사람은 단지 욕망의 방향을 잘못 잡은 사람일 뿐입니다. 그 사람을 처벌하거나 심판하거나 죄책감을 느끼게 하는 것은 쓸데없는 일입니다. 자신의 욕망을 올바르게 조절하는 법을 배울 수 있도록 깨우치는 것이 좋습니다. 그리고 그렇게 할 수 있는 단 하나의 해결책이 바로 사랑입니다. 그리스도는 대화를 통해 사람들(자캐오, 간음한 여인, 사마리아 여인 등)이 욕망의 방향을 바꾸도록 이끌었습니다. 그들을 비판하지 않고 무조건적인 사랑을 보여주었을 뿐 아니라 욕망의 방향을 무한한 사랑의 원천인 신을 향하도록 바꾸어주었던 것이지요.

우리는 동서양 지혜의 흐름을 살펴보며 인간이 불행한 것은 욕망이 무한하여 끊임없이 욕망하고 항상 만족하지 못하기 때문이라는 것을 확인했습니다. 따라서 욕망을 조절하거나 억제할 필요가 있습니다.

예수 역시 인간 욕망의 무한성이라는 동일한 사실에서 출발하지만 그로부터 완전히 다른 설명과 결론을 이끌어냅니다. 우리의 욕망은 무한한 존재인 신에게서 비롯되기 때문에 무한하다는 것입니다. 이러한 욕망을 만족시킬 수 있는 유일한 방법은 무한성을 향해 방향을 바꾸는 것입니다. 다시 말해, 욕망을 제한하지 말고 무한한 근원을 향해 방향을 바꾸면 고통이나 좌절을 느끼지 않고 한없이 욕망할 수 있게 됩니다.

고통과 좌절은 무한한 욕망을 유한한 것으로 향하게 함으로써 무한에 대한 갈증을 해소할 수 없게 된다는 사실에서 비롯

됩니다. 남편이 다섯이나 있어도 결코 마음이 만족스럽지 않은 사마리아 여인에게 예수는 "이 물을 마시는 사람은 다시 목마르겠으나 내가 주는 물을 마시는 사람은 영원히 목마르지 않을 것이다."[100]라고 말씀하셨습니다. 이 여인은 유한한 충동적 사랑에 빠진 채로 무한한 신적 사랑을 갈망했던 것입니다.

이 말씀은 음식과 거처를 걱정하는 사람들에게도 분명히 전하고자 했던 것입니다. "그러므로 내가 너희에게 이르노니 너희는 목숨을 위하여 무엇을 먹을까 염려하지 말고 몸을 위하여 무엇을 입을까 염려하지 말라. 생명이 음식보다 중하지 아니하며 몸이 의복보다 중하지 아니하냐? 공중의 새들을 보아라. 심지도 않고 거두지도 않고 곳간에 모으지도 않지만, 너희 하늘 아버지께서는 그들을 먹이시느니라. 너희는 그들보다 훨씬 더 귀하지 아니하냐? […] 너희는 먼저 신의 나라와 의를 구하라. 그리하면 이 모든 것을 너희에게 더하시리라."[101]

이 말씀은 한쪽 귀로 흘려보내 버리기 십상입니다. 그 정도로 기본적인 욕구를 충족시키는 것이 우리에게 가장 중요하기 때문입니다. 하지만 예수는 정반대로 말씀하십니다. 우리의 욕망을 본질적인 것, 즉 신을 향해 돌리면 삶은 우리에게 필요한 모든 것을 가져다준다고 말입니다.

'신'이라는 단어에서 더는 의미를 찾을 수 없는 사람들을 위해 우리는 이 단어의 정신을 전혀 침해하지 않고 다음과 같이 세속적인 방식으로 표현할 수 있겠습니다. 먼저 본질적인 것을 추구하고, 마음의 가장 깊고 무한한 욕망에 귀를 기울이고, 삶의 규범을 존중하면서 아름답고 정의롭고 선한 것을 향한 삶을 추구하면, 삶은 우리에게 필요한 것을 가져다 줄 것입니다. 반면에 필요한 것에만 관심을 갖고 유한한 것으로 욕망을 향하게 하면 항상 불만족스러운 채로 본질적인 것을 놓치게 될 것입니다. 필요하다고 해서 본질적인 것은 아니기 때문입니다.

어떤 의미에서 예수는 플라톤과 스피노자를 화해시킨다고 말할 수 있습니다. 스피노자와 마찬가지로 예수 역시 좋은 삶을 살기 위해서는 욕망의 힘과 사랑을 통한 욕망의 방향 전환이 필요함을 강조했습니다. 그러나 플라톤과 마찬가지로 예수는 욕망은 우리 영혼의 신성한 근원을 만나야만 충족될 수 있다고 단언합니다. 그에 따르면 우리의 욕망이 세속적인 것들과 물질적 재화로만 향할 때 결핍이 생겨납니다.

예수의 혁명적 메시지는 너무도 전복적이었습니다. 그래서 교회는 그러한 사실을 공표하면서 서둘러 예수를 격하게 '질책'했습니다. 그러면서 율법의 지극한 권위와 신의 형벌에 대한 두려움을 되살렸습니다. 철학자 베르그송이 마지막 저서 《도덕과 종교의 두 원천Les Deux Sources de la morale et de la religion》에서 잘 지적했듯이, 역사는 인류의 위대한 영성가와 신비주의자들이 주창한 '생의 약동'을 배양하는 '개방적', '역동적' 종교와, 신자들의 욕망을 억제하고 권력을 유지하는 것이 주된 관심사인 종교 기관의 '폐쇄적', '정태적' 종교 사이에서 끊임없이 진동해왔습니다. 나아가 기독교의 역사는 치명적인 제도 논리와 끊임없이 활력을 불어넣는 영적 흐름의 역동성 사이의 상반된 움직임으로 가득 차 있습니다. 여기서 치명적인 제도 논리로는 종교재판, 십자군 전쟁, 성직자의 재산 축적, 지옥에 대한 두려움을 통한 신자들의 죄의식 형성, 성직자의 소아성애에 대한 침묵을, 영적 흐름의 역동성으로는 사랑의 우선성을 상기시키는 신비주의, 아시시의 프란치스코가 지녔던 청빈과 자연 사랑, 위대한 수도회, 인간의 불행을 덜어주는 교육과 자선 활동을 들 수 있겠습니다.

욕망에 관한 유대인의 신비주의

앞에서 저는 모세가 전한 율법이 탐욕으로 이해되는 인간의 욕망을 통제하는 것만큼이나 신에 대한 충성심을 심어주는 것을 목표로 했다고 언급했습니다. 그런데 히브리어로 '욕망하다'라는 동사에는 여러 단어가 있는데, 모음이 없는 두 가지 주요 단어는 RTzH와 HMD입니다.

HMD에는 탐하다, 시기하다, 열망하다, 요구하다, 노리다 등의 뜻이 있는데, 바로 열 번째 계명인 "남의 집, 아내, 종 등을 탐하지 말라"에 사용된 단어입니다. 탐욕으로서의 욕망은 우호적이고 형제적인 관계를 파괴하기 때문에, 율법은 일상적으로 고통 받던 노예들 사이에 형제애와 견고한 공동체를 형성하기 위해 그 욕망을 규제하고자 했습니다. 이러한 규제를 목적으로 하는 토라에는 시나이산의 십계명과 603개의 미츠보트(계명)가 들어 있습니다.

반대로, 동사 RTzH는 성경의 특별한 시집인 아가서에서 우리가 원하는 타자와 하나로 합쳐지고 싶은 신비로운 욕망을 표현하는 데 사용됩니다. 여기서는 더 이상 탐욕이 아니라 에로틱한 언어를 이용한 결합에 대한 불타는 욕망이 중요해집니다. 이 책은 신과의 결합, 그리고 타자 속에 존재하는 신성한 부분과의 결합이라는 유대 신비주의의 토대입니다. 또한 자아를 초월하여 자신보다 더 큰 전체와 합쳐지고자 하는 열망을 표현하고 있습니다.

이에 대해 유대 영성 분야의 뛰어난 전문가인 마르크 알레비 Marc Halévy는 "카발라(밀교적이고 신비로운 분파)에 의해 고양된 유대 영성 전통의 기초는 합일이다."라고 확인하면서 이렇게 말합니다.

"문제는 인간이 어떻게 영적으로 신적이거나 신성한 존재로 올라갈 수 있는가 하는 것이다. 하지만 이 길이 열리려면 그것을 욕망해야 한다. 모든 영적이거나 신비로운 여정은 욕망에서 시작되며, 결국 이 문턱을 넘어서야 한다. 이 합일은 우선 합일에 대한 욕망 없이는 불가능하다. 우리는 먼저 이 합일이 가능하다고 믿어야 하고, 그다음에는 그것을 욕망해야 한다. 따라서 (기독교에서 주장하는 것처럼) 신을 얼마나 사랑하느냐가 아니라 발음해서는 안 되는 네 글자*로 상징되는 신성한 것을 욕망하는 것이 중요하다. 신성에 대한 욕망은 세상을 신성하게 만들고, 생명과 영혼을 신성하게 만들고, 불경을 넘어서려는 열망이다.”[102]

이슬람교의 수피즘과 신과의 결합에 대한 욕망

신과의 결합에 대한 이러한 욕망은 이슬람교의 신비롭고 밀교적인 흐름의 핵심이기도 한데, 그중에서도 수피즘이 가장 대표적입니다. 모든 밀교적이고 신비로운 흐름에서 발견할 수 있는 수피 신비주의의 특징 중 하나는 고대 그리스인과 성경이나 코란에 존재하는 이원론적 사고방식을 벗어났다는 것입니다.

이 이원론은 신과 세상을 분리하는 사고방식을 말합니다. 이러한 사고에서는 한편으로 완전히 초월적인 창조주 신과 다른

---

* YHWH. 유대교, 기독교, 이슬람교에서 유일신을 지칭하는 로마자 표기로서 우리말로는 야훼 또는 여호와로 발음한다. 고대 유대인들은 '신의 이름을 함부로 부르지 말라'는 계명을 이름 자체를 부르면 안 된다고 받아들여 문자로만 표기하고 실제 지칭할 때는 '나의 주'라고 불렀다.—옮긴이

한편으로 창조된 우주와 피조물이 서로 분리되어 있습니다. 반면에 수피 신비주의는 스피노자와 마찬가지로 신은 세계와 피조물 외부가 아니라 모든 곳에 존재한다는 일원론적 개념을 발전시킵니다. 그리하여 외적이고 멀리 있는 신에게 복종하거나 두려워하는 것이 아니라 모든 곳에 존재하는 신과 결합하는 것이 중요합니다.

'소용돌이 탁발승'의 선구자인 잘랄 앗딘 루미는 이란의 위대한 시인이자 수피 전통의 신비주의자 중 한 명입니다. 그는 13세기에 살았습니다. 교리와 율법보다 영적 체험이 절대적으로 우위에 있다고 주장한 루미는 공식 이슬람교의 변방에 머물렀지만 수많은 제자들을 이끌었습니다. 그는 시, 음악, 춤을 신과 접촉하고 표현하는 훌륭한 수단으로 여겼습니다.

신에 대한 그의 열광적인 사랑은 모든 종교와 신념을 초월하여 때로는 에로티시즘의 경계를 넘나드는 자유와 열정으로 표현됩니다. 그는 다음과 같은 말을 남겼습니다.

"무슬림이여, 어찌 해야 한단 말인가? 나는 나 자신을 알아보지 못하노라. 나는 기독교인도 아니고, 유대교도도 아니고, 파르시교도도 아니고, 무슬림도 아니오. 나는 동양 출신도 아니고 서양 출신도 아니고 육지나 바다 출신도 아니오. 나는 자연의 작업장에서 온 것도 아니고 회전하는 하늘에서 온 것도 아니오. 나는 땅이나 물이나 공기나 불에서 오지 않았소. 나는 신성한 도시에 속하지도 않고, 먼지도 존재도 본질도 아니오."

"나는 이 세상에도 속하지 않고 저 세상에도 속하지 않으며, 천국에도 속하지 않고 지옥에도 속하지 않는다오. 나는 아담이나 이브도 아니오, 에덴이나 에덴의 천사 출신도 아니오. 나의 자리는 장소 없는 곳이고, 나의 흔적은 흔적을 남기지 않는다오. 내가 가장 사랑하는 존재의 영혼에 속해 있기 때문에 나는 육체도 영혼도 아니오."

"나는 이원성을 버렸고 두 세계가 하나임을 알았다오. 내가 추구하는 것은 일체이고, 내가 관조하는 것도 일체라오. 내가 부르는 이. 그는 처음이자 마지막이고, 가장 바깥쪽이자 가장 안쪽에 있는 존재라오. 나는 '오 그분이여'와 '오 존재하는 그분이여' 말고는 아무것도 모른다오."

"사랑의 잔에 취해 세상이 내 눈앞에서 사라지니 영혼의 연회와 난장의 음주 외에는 아무것도 없습니다. 내 인생에서 당신 없이 보낸 순간이 있다면 지금 이 순간부터 내 인생을 후회하고 싶습니다. 이 세상에서 잠시라도 당신과 함께할 수 있다면 두 세계를 짓밟으며 영원히 승리의 춤을 추고 싶습니다."[103]

인도의 사랑의 헌신과 탄트리즘

힌두교에도 마찬가지로 신이나 신성한 존재에 대한 사랑을 강조하고 그와 결합하려는 열망을 중시하는 영적 흐름이 있습니다. 가장 잘 알려진 것은 박티Bhakti 운동입니다. 박티의 어원은 나눔을 뜻하는 바즈bhaj로서, 이 운동은 신에 대한 애정 어린 헌신을 통해 신성한 본질을 함께 나누려는 열망을 담고 있습니다.

신자들은 신과의 친밀한 관계(사람들이 소형 조각상에 물, 꽃, 향수, 과일 등을 바치는 행위로 표현됨)를 통해 신과 친밀함과 우정으로 연결되어 완전히 하나가 되기를 열망합니다. 성별이나 계급에 관계없이 모든 인간을 평등하게 여기는 이 사랑의 헌신의 길은 힌두교의 가장 중요한 경전 중 하나인 바가바드기타에서 윤회의 업에서 벗어나는 가장 좋은 방법으로 여겨집니다. 이때 힌두교 신들을 다스리는 두 위대한 신 비슈누와 시바 중 하나의 신이 선택되는 경우가 많습니다.

힌두교 영성에서 성욕은 기독교 전통에서처럼 폄하되지 않고 중요한 위치를 차지합니다. 힌두교도들은 활로 상징되는 일종의 인도 에로스인 욕망의 신(카마데바)을 숭배합니다. 이 신은 인간에게 화살을 쏘아 성욕을 북돋습니다. 성관계에서 큰 즐거움을 찾는 방법을 설명한 경전인 《카마수트라》는 잘 알려져 있습니다. 카마수트라는 '욕망의 격언'으로 풀이됩니다. 6~7세기 사이에 쓰인 이 경전은 9세기에 글을 모르는 사람들도 쉽게 접할 수 있도록 사실적인 삽화가 넣어졌고, 이후 전 세계적으로 큰 관심을 받게 되었습니다. 성욕은 힌두교의 박티 전통에서도 '탄트리즘'이라는 영적 고양으로 이어질 수 있는 것으로 설명됩니다.

이 분야의 대표적인 전문가인 앙드레 파두는 "탄트라 전통은 사랑의 열정인 카마, 즉 에로스가 경험적 자아를 초월하고 신성함에 접근하는 탁월한 수단이라는 원칙에서 출발한다"[104]고 말합니다. 따라서 성행위를 통해 추구하는 것은 더 이상 쾌락 그 자체가 아니라 자아의 한계를 극복함으로써 촉진되는 신과의 결합입니다.

탄트리즘의 진정한 추종자들이 추구하는 것은 쾌락이 아닌 해방입니다. 하지만 서양의 탄트라 수행 단체에서는 그렇지 않습니다. 힌두교 전통에서 탄트라 성행위는 경험 많은 스승의 지도 아래 매우 체계적으로 이루어집니다. 그리고 성적 결합은 항상 남성과 여성 육체 사이의 만남으로 생각됩니다. 즉, 남성 에너지와 여성 에너지의 만남이며, 오르가슴의 힘을 통해 요긴과 요기니*가 절대적으로 결합하여 본래의 신성한 양성성을 다시 확립하는 것입니다.

---

* 요긴(yogin)은 영적 훈련으로서 요가를 수행하는 사람이고, 요기니(yogini)는 그 여성형이다. 별도로 요기(yogi)라는 표현도 있는데 이는 신체 운동이나 건강을 위해 요가를 하는 사람을 일컫는다.—옮긴이

6

과감히 욕망하기
그리고 삶의 방향 전환

> "영혼이 더 강렬하게 욕망할수록 세상은
> 더 활기를 띠고 그 결과는 영혼이 바라는 바에 가까워진다."
>
> – 알베르투스 마그누스

"더 이상 욕망할 것이 없는 사람은 불행할지니! 그 사람은 가진 모든 것을 잃는다고 할 수 있다."[105] 장자크 루소가 1761년에 쓴 글입니다. 사실 더 이상 욕망할 것이 없다는 것은 더 이상 살아있지 않다는 것과 같습니다. 모든 것을 포기하고 깊은 산속 암자에 은둔한 스님도 열반에 도달하고 고통 받는 모든 중생을 돕고 싶다는 강렬한 열망을 품고 있습니다. 우리를 온전히 살아있게 하는 것은 욕망의 힘입니다. 하지만 많은 사람들이 감히 욕망의 길을 따르지 않습니다.

과감히 욕망하기

 "나랑 안 맞아.", "정말 하고 싶은데 엄두가 안 나.", "그 사람에게 다가가고 싶은데 거절할 거야." 정말 흔히 듣는 말입니다. 자신감이 부족하거나 문화나 가정환경이 정한 금지와 제한이 마음속에 자리 잡았기 때문에 우리는 끊임없이 욕망을 제한합니다.

 저도 10대 때 한 여자 친구에게 사귀고 싶다고 말한 적이 있습니다. 그러자 그녀는 제가 참 착해서 많이 좋아한다고 했습니다. 하지만 키가 너무 작아서 이성적으로는 끌리지 않는다고 선을 긋더군요. 이때 받은 상처로 저는 수년 동안 자괴감에 사로잡혔습니다. 또다시 거절당할까 봐 다른 여성에게 다가가고 싶은 마음을 억누르기만 했고요. 다행히도 열일곱 살 때 조금 연상의 여성이 제게 자신감을 심어주었고, 다시 사랑의 욕망을 표현할 수 있게 되었습니다.

 저의 경우를 보면 욕망을 지녔고 의식도 하고 있었지만 그것을 말로 표현하고 실제로 이룰 수 있는 길이 막혀 있었다고 할 수 있습니다. 이런 일은 다반사로 일어나지요. 대담하게 자신의 욕망을 표현하고 목표를 향해 나아가는 데 성공하려면 종종 긍정적인 계기, 지지받는 만남, 환경의 변화가 따라야 하고 나아가 심리치료가 필요할 수도 있습니다.

어떤 경우에는 우리 자신의 가장 깊은 욕망조차 인식하지 못할 수 있습니다. 삶이 실망스럽고 허무하다고 느끼며 직업이 마음에 들지 않고 슬프거나 우울하지만, 무엇을 해야 할지, 어디로 가야 할지, 어떻게 삶의 의욕을 되찾을지 그 방법을 잘 모릅니다. 간단히 말해, 우리의 생명력이 솟아나게 하기 위해 무엇을 욕망해야 할지 모릅니다.

청소년기에는 연애든 직업이든 자신의 진정한 욕망을 파악하는 데 어려움을 겪는 경우가 많습니다. 성인이 되어서도 과거의 선택에 만족하지 못하는 경우에는 이러한 상태가 지속될 수 있습니다. 직업, 가족, 집같이 모두가 원하는 것을 가졌더라도 정말로 가슴을 뛰게 만드는 것이 없다면 말이죠. 그러면 작은 즐거움은 느낄지언정 진정한 기쁨은 누리지 못합니다. 어떤 것도 우리를 흥분시키지 못하고 삶에서 무언가를 놓치고 있다고 느낍니다.

어떻게 하면 욕망하는 힘을 되살릴 수 있을까요? 무엇이 우리에게 기쁨을 가져다줄지 어떻게 알 수 있을까요?

칼 융 : 의미와 개성화 과정의 필요성

스위스 의사이자 사상가인 칼 구스타프 융은 이러한 질문을 치료와 생각의 중심에 두었습니다. 스위스의 유명 클리닉에서 젊은 정신과 의사로 지내던 융은 자신이 높이 샀던 이론의 당사자인 프로이트와 서신을 주고받기 시작했습니다. 당시는 신흥 정신분석학이 프로이트의 이론에 대해 학계와 정신의학계에서 강한 비판을 불러일으키고 있었지만 말입니다.

1907년 비엔나에서 만난 두 사람은 첫눈에 서로에게 큰 호감을 갖게 되었습니다. 그들은 몇 년 동안 함께 일했고 프로이트는 융을 자신의 뒤를 이을 정신분석학 운동의 수장으로 지목했습니다. 그러나 점차 큰 차이가 드러나기 시작했고 1913년 가을, 두 사람의 우정과 전문적인 협력은 끝을 맺습니다.

그들 사이의 주요 차이점은 리비도 개념에 관한 것입니다. 이전 장에서 프로이트는 리비도를 성욕과 동일시했으며 그것이 모든 인간 활동의 근원이라고 확신했다는 점을 살펴보았습니다. 융은 이에 동의하지 않았습니다. 그러면서 프로이트의 리비도 이론은 현실감 상실 현상이 있는 정신분열증의 임상 사례를 설명할 수 없다는 것을 보여주었습니다.

이 분야의 선구자 중 한 명인 융은 이어서 리비도를 성적 발현을 넘어 '지속적인 생명 본능', '삶의 의지'로 재정의할 것을 제안했습니다. 이는 그가 자신이 탐독했던 스피노자, 쇼펜하우어, 니체의 발자취를 따랐다는 점을 보여줍니다. 리비도는 단순한 성욕이 아니라 생명력이자 영적인 차원을 포함하여 자신을 발전시키고 성취하려는 욕망입니다.

아버지가 목사였던 융은 한때 종교와 거리를 두었지만 다시 호의적으로 바라보게 되었습니다. 그 이유는 인간을 괴롭히는 거대한 실존적 질문에 종교가 답을 준다고 생각했기 때문입니다. 그에게는 삶의 의미에 대한 질문이 중심에 자리하고 있었으며 그가 이를 회피했다면 심리적 장애로 이어질 수도 있었습니다. 그래서 "정신신경증은 가장 깊은 의미에서 그 의미를 찾지 못한 영혼의 고통이다."[106]라고 쓰기도 했습니다.

현대의 신경과학 연구는 이러한 진단을 뒷받침합니다. 《인간 버그》에서 선조체와 관련한 욕망의 문제를 다룬 세바스티앙 볼레는 그 후에 대상피질에 대한 수많은 연구를 바탕으로 의미의 문제를 다룬 책을 집필했습니다. 그리고 이렇게 결론 내렸습니다. "우리 주변의 의미를 알아차리는 것은 생존에 매우 중요하다. 그렇기에 의미를 놓치는 이러한 상황은 심한 생리적 불안을 일으킨다."[107]

융에 따르면, 이토록 중요한 의미의 필요를 충족하는 방법에는 크게 종교와 개성화 과정이라는 두 가지가 있습니다. 구조화된 종교적 믿음은 인간이 살아가는 데 도움이 되는 의미 체계를 제공합니다. 나아가 '신화적 표현'에 대한 욕구, 즉 세계와 자신의 존재에 대한 표상을 갖고자 하는 근본적인 욕구를 충족하는 의미 체계를 제공합니다. 이를 통해 의식적이고 무의식적인 자기 존재의 총체를 그려낼 수 있습니다. 이러한 신화적 표현은 비종교인의 경우에도 융이 "개성화 과정"이라고 부르는 심리적, 영적 작용에서 생겨날 수 있습니다. 이 작용을 통해 우리 자신의 진정한 인격에 다가감으로써 고유한 개인이 될수 있습니다.

개성화 과정은 자신 안에서 싹 돋는 것을 환영하고 성장시키는 것이며, 생명력의 남다른 움직임을 인식함으로써 자신의 가장 깊고 개인적인 욕망을 식별하는 것입니다. 스피노자, 니체, 베르그송의 뒤를 이어 융은 각 개인이 독특한 방식(개성화)으로 능력을 발휘하고 자신을 실현하도록 부추기는 내적 힘에 의해 움직인다고 확신했습니다. 생의 약동은 각 개인에게 내적 충동이나 소명의 형태로 나타나는데, 삶의 의미를 놓치고 싶지 않다면 이에 귀 기울이고 따르는 법을 배워야 합니다. 융은 이렇게 썼습니다.

"스스로를 긍정하는 것이 중요하다. 자신의 규칙에 충실하지 않고 개성을 고양하지 않는다면 삶의 의미를 놓치고 있는 것이다."[108]

따라서 융은 무의식의 메시지, 특히 꿈과 동시성(우리 삶에서 때때로 나타나는 혼란스러운 우연)을 통해 들려오는 무의식의 메시지에 귀를 기울여야 한다고 말합니다. 또한 우리의 진정한 개성을 감추는 사회적 가면인 페르소나를 벗으라고 합니다. 우리의 여성적인 면(남성의 아니마)과 남성적인 면(여성의 아니무스)을 통합*하라고 합니다. 우리 안의 그림자, 우리가 억압하는 어두운 부분을 인식하고 뚫고 나아가라고 합니다. 우리의 양극성과 이중성을 조화시키고 우리의 가장 내밀하면서 가장 강한 욕망, 우리에게 기쁨을 가져다주지만 선뜻 인정하지 못할 때가 많은 욕망을 깨달으라고 합니다.

저는 융이 수천 명의 환자를 치료하고 8만 개가 넘는 꿈을 분석한 임상 경험을 통해 심오한 진리를 이해하고 인간의 보편적인 법칙을 밝혀냈다고 확신합니다. 자신의 개성을 깨닫고 남다른 방식으로 능력을 발휘하며 자신의 가장 깊은 소명을 수행하는 것이 필요하다는 법칙 말입니다.

소설가, 심리학자, 영성가를 비롯한 현대의 많은 작가들이 융의 이론에서 영감을 얻어 이를 확장했습니다. 필립 도테는 다음과 같이 적절히 지적했습니다.

"삶은 잠재적 에너지를 통합하는 것이다. 도토리 속에는 이미 참나무가 잠재해 있다. 어머니의 자궁에서 나온 아이는 자기

---

* 융이 정립한 분석심리학 용어로서 아니마는 남성이 무의식에서 지닌 여성적 요소이고 반대로 아니무스는 여성이 무의식에서 지닌 남성적 요소이다. 융은 이 요소를 배격할 것이 아니라 개성화 과정에서 그 장점을 중심으로 포용하고 통합해야 한다고 보았다.-옮긴이

안에 엄청난 풍요와 인간으로서의 완전한 능력을 지니고 있다. 인간의 임무는 이러한 풍요를 활용하여 인류의 일원으로서 성장하는 것이다. 그러기 위해서는 자신의 풍요를 인식하고, 그것을 맞이하기 위해 이름을 붙이고, 의식적으로 자신의 잠재성을 실현해야 한다. 이는 의식적 성장의 느린 과정이자 자유롭고 책임감 있는 주체의 도래에 참여하는 성숙의 길이다."[109]

브라질 작가 파울로 코엘료의 대표작 《연금술사》(문학동네, 2001)는 작가가 "개인의 전설"이라고 부르는 삶의 소명 개념을 완벽하게 보여줍니다. 안달루시아의 목동 산티아고는 이집트 피라미드 근처에 묻힌 보물을 찾아 나섭니다. 그곳에서 그는 연금술사를 만나는데, 그에게서 운명의 징조를 읽고, 자신의 마음에 귀 기울이고, 가장 깊은 욕망과 꿈을 좇는 법을 배웁니다. "개인의 전설"을 실현한다는 것은 융의 개성화 과정을 시적으로 표현한 것입니다. 자신이 태어난 목적과 열정을 향해 노력하는 것 말이죠. 진정한 보물은 외부가 아니라 우리 내부에 있으며 바로 자기실현입니다.

이 책은 (9천만 권 이상 판매되며) 전 세계적으로 큰 성공을 거뒀습니다. 그 이유가 뭘까요? 저는 융이 인간 정신에 대한 연구를 통해 놀라운 방식으로 밝혀낸 심오한 진리를 이 책이 단순하면서도 상징적으로 표현했기 때문이라고 확신합니다.

삶의 방향 전환

융은 개인이 자신의 삶에 완전히 만족하지 못한다는 것을 깨닫는 중년기(35세에서 50세 사이)에 개성화 과정이 시작되는 경우가 많다고 이야기합니다. 그 이전에는 온 힘을 쏟아 공부하고, 생계를 꾸리고, 가정을 돌보며 지냅니다. 그러다 보면 일반적으로 '중년의 위기'라고 알려진 시기가 찾아오는데, 이때 우리는 직업이나 관계 측면에서 올바른 선택을 했는지 스스로에게 많은 질문을 던지기 시작합니다.

내가 지금 마땅한 자리에 있는 건가? 진정 만족스러운 삶을 살고 있을까? 그런 다음 정말로 자신에게 맞게 이루어진 것(자신의 생의 약동에서 비롯된 것)과 자신에게 맞지 않게 외부적 영향으로 이루어진 것을 하나하나 따져봅니다. 예를 들어, 우리는 가정환경의 영향으로, 또는 물질적 안정의 필요 때문에 자신의 가장 깊은 욕망에 귀 기울이지 않고 특정 직업을 선택했을 수 있습니다. 그런 경우 자기 자신에게 더 합당하고 더 큰 기쁨을 주는 것을 따르도록 삶의 방향을 바꾸고 싶은 욕망을 느낍니다.

개인적으로 저는 운이 좋게도 아주 일찍 제 소명을 발견했기 때문에 이런 방향 전환을 할 필요가 없었습니다. 제 소명은 바로 제가 직접 경험하고 이해한 것을 다른 사람들이 더 잘 이해할 수 있도록 돕는 글쓰기였습니다.

하지만 제 주변에는 삶을 바꿔야겠다고 느끼는 사람들이 많았습니다. 제 여동생 하나는 치료사로 직업을 바꾸기 전에 오랫동안 은행에서 일했습니다. 또 다른 여동생은 파리에서 일하다가 35세에 모든 것을 뒤로하고 약용식물을 재배하기 위해 드롬 지방으로 떠났습니다. 그녀는 "수입은 훨씬 적지만 자연 속에서 소박한 삶을 살고 싶다는 꿈을 이루었기 때문에 훨씬 더 행복하다"고 제게 말한 적이 있습니다. 저는 이처럼 현재의 삶에 만족하지 못해 삶을 바꾸려는 사람들을 수십 명 알고 있습니다. 이들의 공통점은 자신의 생의 약동과 가장 개인적인 욕망에 귀 기울이려고 노력한다는 점입니다.

물론 많은 사람들이 안정적이고 보수가 좋은 직장이 가져다주는 재정적 안정에서 선뜻 떠나기를 주저합니다. 이런 위험을 감수하는 것이 어떤 일인지 저도 어느 정도는 알고 있습니다. 서른 살에 안정적인 출판 편집자 일을 그만두고 전업 작가라는 모험을 감행했기 때문입니다. 성공이 찾아오기까지 계속 의구심이 들고 재정적 어려움을 겪었지만 후회한 적은 한 번도 없었습니다. 이 힘든 시기에도 저는 글쓰기에 전념하고 싶다는 깊은 열망에 사로잡혀 있었고, 이러한 믿음과 인내가 있었기에 점차 독자들과 만나고 펜으로만 생계를 유지할 수 있게 되었습니다.

중세의 위대한 신학자 알베르투스 마그누스는 "영혼이 더 강렬하게 욕망할수록 세상은 더 활기를 띠고 그 결과는 영혼이 바라는 바에 가까워진다."고 했습니다. 저는 우주는 종종 우리 마음의 가장 깊고 진심 어린 욕망에 반응한다는 심오한 진리를 경험할 수 있었습니다.

여행과 콤포스텔라 순례길: 자신에 대한 탐색

자기 자신과 내면의 욕구에 귀 기울이기 위해 여행을 결심하는 청년들이 점점 더 많아지고 있습니다. 여행은 탈출구가 될 수도 있지만, 삶에 대해 지나치게 편협한 사고방식에 갇혀 자신의 개성대로 성장하지 못하게 하는 문화와 가정환경에 거리를 두는 데도 도움이 될 수 있습니다. 일반적으로 나이가 많은 사람들은 삶에서 벗어나 자신의 깊은 욕망에 귀 기울이기 위해 몇 주나 몇 달 동안 산티아고 데 콤포스텔라로 순례의 길을 떠나기로 결심합니다. 매년 전 세계에서 20만 명이 넘는 사람들이 순례길을 찾아옵니다.

저는 TV 다큐멘터리를 촬영하면서 며칠 동안 콤포스텔라로 가는 길을 걸으며 많은 순례자들과 이야기를 나눌 수 있었습니다. 이들 대부분은 중세의 순례자들과는 다르게 종교적이지는 않았습니다. 하지만 공통점도 있었는데, 바로 자신의 존재 의미에 의문을 품었다는 점입니다.

이들에게 순례는 필요한 것과 필요하지 않은 것을 구분하여 몸을 가볍게 하는 방법을 배우는 특별한 시간입니다. 배낭은 몇 주나 몇 달 하이킹을 하는 동안 8~10㎏을 넘지 않아야 합니다! 매일 약 20킬로미터를 걸으며 명상하고 한 발 물러서서 자신의 삶을 되돌아볼 수 있는 시간을 가집니다. 그뿐 아니라 자연과 다른 사람들과 연결됩니다. 많은 사람들이 이 순례는 사실 자신을 향한 여정이자, 마음의 욕구에 귀 기울이는 법을 배우고 삶의 방향을 다시 잡기 위한 자기 탐색의 여정이라고 말했습니다.

저는 순례자 중 한 명으로 바스크 지방에서 살던 38세의 젊은 여성 아멜리에게 순례 경험담을 써달라고 부탁했습니다. 어느 날 걷기와 여행을 통해 자신의 가장 개인적인 욕망에 귀 기울이고 의미를 탐색하기로 결정했던 한 사람의 내면 이야기를 듣고 싶었기 때문입니다. 그녀의 경험은 개성화 과정의 훌륭한 사례이기도 하기에 여기에 소개하고자 합니다.

"어렸을 때 사람들이 커서 무엇이 되고 싶냐고 물으면 나는 '공부를 하고 싶어요.'라고 대답하곤 했다. 하지만 가족의 재정적 안정에 보탬이 되기 위해 보청기 전문기사가 되었다. 좋은 직업이고 나는 온 힘을 다해 이 일을 해나갔다. 하지만 진짜 내 직업은 아니었다.

내 안에는 무언가 다른 게 들어 있었다. 점점 더 빠르게만 변해 가는 일상 속에서 내 자신을 표현하고 존재하고자 하는, 말로 표현하기 어려운 무언가 말이다. 하지만 마음속에 들어 찬 책임감과 갖가지 요구들에 맞추느라 '사회가 강요하는 아바타' 역할을 하는 것 말고는 다른 것을 표현할 여지가 거의 없었다. 또 다른 자아를 찾는 이 탐색, 깊이 자리 잡은 욕망에 대한 탐색에 나서면서 나는 혼자만의 시간과 공간을 갖는 것 외에 다른 방법을 찾지 못했다.

이 탐색을 위해 나는 1년 동안 남미 여행을 떠나기로 결심했다. 여행에 나선 지 불과 몇 달 만에 보청기 분야에서 '프로젝트 리더'이자 '회사 크리에이터 및 개발자'로서의 새로운 재능을 발견하게 되었다. 그리고 이 여행은 새로운 직업을 찾아나가는 모험으로 바뀌어 갔다. 남미에서 겪은 4년간의 경험이 또 다른 문화와 지평으로 나아가는 문을 열어주었던 것이다. 하지만 나는 곧 나의 근원을 되돌아볼 필요성을 느꼈고 프랑스로 돌아가 콤포스텔라 순례를 통해 이 내면의 여정을 계속할 것을 계획했다.

여행을 하거나 걷는다는 것은 자신에 대해 '잊고' '다시 알아가는' 시간과 공간을 갖는다는 의미라고 생각한다. 그것은 마음의 혼란과 일상의 중독에서 벗어나는 것을 뜻한다. 또한 사회적 가면을 벗어버리기로 결심하는 것이다. 학습과 영감의 원천이 될 수 있는 미지의 형태를 선택하는 것이다. 답답하고 숨 막힐 수 있는 안전지대를 벗어나는 것이다. 자신을 위해 시간과 공간을 되찾고 싶다는 절규에 귀 기울이기로 결정하는 것이다. 더 큰 자아의 자신을 발견하거나 재발견하기 위해 떠나는 것이다. 재구성하기 위해 해체하는 것이다. 아니 자신에 대해 '다시 알기' 위해 '아는 것을 버리기'라고 할 수도 있을 것이다."

"자아를 재발견하기 시작할 때, '나 자신을 알고 싶다'는 깊은 욕망에 따라 노트에 꿈을 적었다. 그러면서 때로 큰 깨달음을 얻기도 했다. 시간이 지나면서 왼쪽 페이지에는 내가 정말 좋아하는 것을 적고 오른쪽 페이지에는 전혀 좋아하지 않는 것을 적게 되었다. 이 모든 것들을, 내 몸과 일상의 물질적이고 감각으로 다가오는 것들 속에서 진정 내가 누구인지를 곱씹으며 실행해 나갔다. 오랫동안 사회와 가족으로부터 주어지는 여러 역할에 갇혀 있다고 느꼈기 때문에 더욱 그랬다. 그 역할을 하면서 나는 황금종려상을 내려놓지 못했다. 그러면서 겉으로 보이는 모습이 나의 진정한 내면도, 내가 이루고자 원했던 것도 아니라고 느끼며 회의에 사로잡혀 있었던 것이다.

이러한 괴리가 불러일으키는 징후가 분명하게 드러났다. 내 삶에 침입해 점차 기쁨을 앗아간 심한 스트레스. 변화가 필요했고 처음부터 다시 시작해야 했다. 세상과 홀로 맞서며 몸과 마음, 정신을 환골탈태해야 했다.

그래서 6년 전, 14킬로그램의 배낭에 필수품을 챙겨 넣고 남미행 편도 비행기에 올랐던 것이다. 물론 새롭고 거대한 미지의 땅에 대한 불안감도 있었다. 하지만 평온하고 가볍고 자유로운 느낌도 들었다. 다시 숨을 쉴 수 있게 되었다! 스스로에게 선사한 이 거대한 미지의 땅을 밟은 채 나는 새로운 숨결을 느낄 수 있었다. 그렇게 이 여행이 시작되었다."

"이 여행들을 통해서 나는 웅장하고 아름답고 지혜로운 자연과 다시 연결되었다. 또 페루인, 에콰도르인, 우루과이인, 순례자, 행인, 친구, 연인 등 다양한 사람들을 만날 수 있었다. 이 만남들 속에서 겉모습을 넘어 각자의 차이와 깊이에 귀 기울이는 시간을 가졌고, 최고와 최악을 모두 접할 수 있었다.

때로는 기쁨으로, 때로는 감사의 마음으로, 때로는 분노로, 때로는 슬픔으로 감탄하기도 하고 울기도 했다. 나 자신과 접촉하면서 스스로에게 귀 기울이는 시간을 가졌고, 내가 좋아하는 것, 사색, 그림, 철학책 읽기, 음악, 춤, 글쓰기에 시간을 보냈다. 그러면서 독립심이 강해지고 나 자신을 새로운 방식으로 표현할 수 있게 되었다. 내 몸과 마음, 그리고 사랑하는 나의 악동 자아에 귀 기울이는 법을 다시 배웠다. 또 최고의 것을 알아보고 나의 숨겨진 그림자를 건너는 법을 배웠다.

줄곧 갇혀 있다고 느꼈던 조건과 사고의 감옥에서 벗어나 새로운 선택을 하여 얻은 경험을 통해 조금씩 나 자신의 새로운 면모를 탐구하고 표출했다. 새로운 기술을 습득하고 새로운 영역에서 성장하면서 존재의 기쁨과 재회할 수 있었다. 새롭고 자유롭고 목표가 있는 선택을 하고, 성장하는 것을 느끼고, 때때로 상반되는 성격, 온갖 이중성, 여러 장단점을 표현하는 기쁨을 재발견했다. 미지의 땅에서 풍부한 경험을 하면서 나는 인생이 산티아고 데 콤포스텔라로 가는 길과 같다는 점을 깨달았다. 자신에 대해 새롭게 알게 되고, 어떤 사람들은 그냥 지나칠 때 나를 성장시키고 지지해주는 사람들을 만나고, 자기가 지닌 자원만을 최대한 끌어 쓰며 버텨야 하는 힘든 순간을 반드시 지나야 하기 때문이다.

우리는 앞으로 나아가며 변화하는 것을 기다리기만 해서는 안 된다. 결단하고 스스로 나서야 한다. 가야 할 경로를 선택하고 필요한 경우 조정하되 항상 인내심을 가져야 한다. 내가 아직 완전히 완성된 나, 크고 신비롭게 빛나는 내가 아님을 오늘 안다면, 그것은 내가 잘해 나가고 있으며 이전보다 훨씬 더 즐거워질 수 있다는 뜻이다!"

결론

> "우리는 무언가가 좋기 때문에 원하는 것이 아니다.
> 반대로 원하기 때문에 좋다고 생각하는 것이다."
>
> — 바뤼흐 스피노자

저는 이 책을 쓰기 시작하면서 욕망의 절대적인 필요성을 떠올렸습니다. 욕망이 없으면 어떤 삶도 살 가치가 없다고 말입니다. 지금까지 살펴본 바에 따르면 인간의 욕망을 이해하는 데는 주요하게 두 가지 열쇠가 있음을 알 수 있습니다. 우선 플라톤이 강조한 결핍으로서의 욕망은 고대 세계 대부분의 철학 학파가 채택했고 오늘날 신경과학에 의해 뒷받침되고 있습니다. 그리고 아리스토텔레스가 개략적으로 설명한 힘으로서의 욕망은 긴 시간이 흐른 뒤 스피노자, 니체, 베르그송과 융에 의해 풍부하게 설명되었습니다.

제 생각에는 플라톤과 스피노자 모두 맞습니다. 그들은 우리 모두가 경험하는 인간 욕망의 두 가지 차원을 올바르게 지적합니다. 쾌락을 좇게 하고 욕망하게 만드는 결핍으로서의 욕망은 우리를 향상하도록 이끕니다. 그리고 힘으로서의 욕망은 우리를 완전한 기쁨으로 끌어올리지만 이성으로 통제되지 않으면 지배나 과잉(고대 그리스인들의 오만)의 형태로 이어질 수 있습니다. 우리의 삶은 종종 이 두 가지 사이에서 진동합니다. 평온과 기쁨을 갈망한다면 우리는 욕망을 분별하고 적절한 방향으로 향하도록 하는 법을 배워야 합니다.

그런데 우리가 욕망을 느끼고 해결하는 방식은 개인의 삶에만 영향을 미치지 않습니다. 주변 사람들, 우리가 살고 있는 사회, 그리고 오늘날에는 지구 전체에도 영향을 미칩니다.

소 유 냐   존 재 냐

미국의 정신분석학자이자 사회학자인 에리히 프롬은 그의 저서 《소유냐 존재냐》(1976)에서 인류의 생존은 두 가지 존재 방식 중 어떤 선택을 하느냐에 달려 있다고 주장했습니다. 그는 우리의 세상은 점점 더 소유욕, 물질적 힘, 공격성에 초점을 맞춘 소유의 열정에 지배되고 있기 때문에, 이 세상을 구할 수 있는 유일한 길은 사랑, 영적 성취, 의미 있고 유익한 활동을 나누는 즐거움에 기반한 존재 방식이라고 설명합니다. 만약 이 선택에 담긴 심각한 의미를 깨닫지 못한다면 우리는 전례 없는 정신적, 생태적 재앙을 맞이하게 될 것입니다. "역사상 처음으로 인류의 물리적 생존이 인간 마음의 급진적인 변화에 달려 있다."[110] 1976년에 출간된 이 책은 당시와 마찬가지로 오늘날에도 여전히 유효합니다.

인간 욕망의 특징 중 하나는 무한하다는 점입니다. 만약 우리의 욕망을 주요하게 소유의 영역에 둔다면 우리는 영원히 만족하지 못하고 한계를 모르는 원초적 뇌가 부추기는 충동의 포로로 남을 것입니다. 인간의 뇌는 쾌락 추구를 쉽게 조절하지 못하기 때문에 항상 더 많은 것을 욕망하게 됩니다. 우리가 살펴본 바와 같이, 이는 우리 소비주의 사회의 원동력이자 환경 위기의 원인입니다. 세바스티앙 볼레가 이렇게 확인했듯이 말입니다.

"우리의 강력한 1차 강화요인들을 장려하는 경제 시스템을 계속 촉진하는 것은 의심할 여지 없이 가장 최악의 일이다. 불행히도 그것이 우리가 한 세기 넘게 해온 일이며, 그 때문에 우리가 살고 있는 지구가 대가를 치르고 있다."[111]

반대로 존재로서의 삶에 더 많은 동기를 부여하면 우리는 결코 실망하거나 욕구불만에 빠지지 않을 것입니다. 지식, 사랑, 아름다움에 대한 관조, 내면의 성장에 만족을 얻을 것이며, 소유를 지향하는 욕망에서 흔히 나타나는 상실감을 느끼지 않을 것입니다.

물론 우리는 항상 계속해서 알고, 사랑하고, 발전하기를 원하는데, 이러한 추구는 우리를 기쁨에서 기쁨으로 이끌기는 해도 다른 사람이나 지구에 부정적인 결과를 불러오지 않습니다. 여기서 한 가지 확실히 해둘 것은, 저는 물질적 재화의 필요성에 대해 무시하지 않는다는 점입니다. 단지 물질과 정신, 소유와 존재 사이에서 균형을 찾아야 한다고 말하는 것입니다. 심각한 재정적 불안 속에서 살다 보면 내면의 삶을 평온하게 가꾸기 어렵기 때문입니다.

하지만 현대 사회는 존재보다는 소유를, 협력보다는 경쟁을, 자존감보다는 사회적 인정을 더 선호한다는 게 문제입니다. 이러한 이데올로기는 개인이 감당하기에는 매우 힘들고 지구에는 파괴적인 결과를 가져온다는 점을 떠올릴 필요가 있습니다. 모든 인간이 가진 만큼 존재하기를 갈망하면서 단지 육체의 필요만을 위해 영혼의 필요를 거세할 때, 무한에 대한 추구를 유한한 것에 국한시킬 때, 외부 세계에서의 자신의 위치만을 걱정하면서 내면의 삶을 소홀히 할 때, 우리는 자신을 훼손하고 타인을 희생시키는 포식자가 됩니다. 우리 시대의 지배적인 문화가 우리를 이 방향으로 밀어붙이고 있습니다.

미국 철학자이자 사회학자인 허버트 마르쿠제가 쓴 《일차원적 인간*Der eindimensionale Mensch*》이란 책이 있습니다. 이 책에서 마르쿠제는 개인의 다양한 욕망을 전통적으로 영혼의 삶을 중심으로 승화시켰던 과거에서 이탈하여 일상적이고 반복되는 광고를 통해 상품 획득에만 집중하도록 유도하는 소비사회에서 작동하는 과정을 "억압적 탈승화"라고 설명합니다. 알랭 수숑도 그의 장엄한 샹송 "감상적인 군중"에서 존재에 대한 우리의 깊은 열망과 수십 년 동안 서구 사회를 지배해온 소유하라는 명령 사이의 괴리를 시적인 방식으로 표현했습니다.

"우리는 우리를 괴롭히는 욕망에 시달린다."

따라서 소유와 존재 사이, 육체의 필요와 영혼의 필요 사이에서 균형을 되찾는 것이 그 어느 때보다 절실합니다. 자신의 삶을 바꾸기로 결심한 이들과 더 이상 현재의 규범에 따라 일하고 싶지 않다는 젊은이들의 고백에서 고무적인 사실을 발견합니다. 바로 자신의 욕망을 다른 방향으로 바꾸고 싶다는 열망의 표현입니다.

아직은 소수일지라도 점점 더 많은 사람들, 특히 젊은이들이 물질적 만족보다는 정신과 사랑, 관계가 가져다주는 행복에 눈을 돌려야 한다는 필요성을 절실히 느끼고 있습니다. 사회를 지배하고 있는 사고방식을 거스르고자 하는 것이지요. 이들은 뛰어난 물질적 조건이 주는 편안함과 사회적 명성 대신 자기실현, 사회정의, 지구에 대한 존중이라는 깊은 욕망을 충족시키는 소박하면서도 행복한 삶을 선호합니다. 지배와 경쟁보다 협력을 선호합니다. 출세보다는 자신의 삶을 잘 꾸려나가면서 타인과 아름다운 지구의 모든 생명체와 조화롭게 사는 것을 선호합니다. 소유와 존재, 외면과 내면, 세계 정복과 자기 정복, 결핍으로서의 욕망과 힘으로서의 욕망 사이에서 유익한 재조정을 이루고자 합니다. 이들은 바로 새로운 삶의 의미와 방식을 추구하는 선구자들입니다.

욕망, 의식과 진실

자주 언급했듯이 욕망은 우리 삶의 원동력입니다. 우리는 그것을 키우는 방법뿐만 아니라 올바르게 이끄는 방법도 배워야 합니다. 이 점은 우리의 욕망이 가치를 창출하기 때문에 더욱 중요합니다. 바람직한 것을 창조하는 것은 각자의 욕망이기 때문입니다.

"우리는 무언가가 좋기 때문에 원하는 것이 아니다. 반대로 원하기 때문에 좋다고 생각하는 것이다."[112] 스피노자의 말입니다. 이 짧은 문장은 제가 철학 역사상 가장 중요하다고 생각하는 문장 가운데 하나입니다. 스피노자는 이 몇 마디로 수천 년 동안 서구 사회에 스며든 플라톤적 이상주의를 해체했습니다. 플라톤적 이상주의란 보편적 가치(아름다움, 선, 정의 등)가 우리의 욕망을 동원한다고 설명합니다.

하지만 사물과 존재의 가치를 결정하는 것은 우리의 욕망이지 그 반대가 아닙니다. 내가 사람을 사랑스럽다고 생각하는 것은 내가 그 사람을 욕망하기 때문입니다. 내가 정의를 욕망하기 때문에 그것을 실천하고 싶어 합니다. 초콜릿이 좋다고 말하는 것은 내가 초콜릿을 원하기 때문입니다(모든 사람이 초콜릿을 좋아하는 것은 아닙니다!). 부자가 되고 싶어서 돈을 숭배하고 반대로 소박하게 살고 싶어서 돈에 무관심합니다. 내가 인생을 아름답고 선하다고 생각하는 것은 인생을 사랑하고 싶기 때문입니다. 니체보다 2세기 앞서 스피노자는 '선과 악을 넘어선' 도덕을 정립했습니다.

하지만 그렇다고 해서 선과 악이 존재하지 않는다는 뜻은 아닙니다. 다만 선과 악은 그 자체로 존재하는 것이 아니라 각 개인의 고유한 본성에 따라 다르게 존재한다는 말입니다. 한 사람에게 좋은 것이 다른 사람에게는 나쁠 수도 있습니다. 스피노자는 또 이렇게 썼습니다.

"우리 존재의 보존에 유용하거나 해로운 것, 즉 우리의 행동력을 증가시키거나 감소시키고, 그렇게 되도록 돕거나 방해하는 것을 우리는 선 또는 악이라고 부른다. 또 우리는 어떤 것이 우리에게 기쁨이나 슬픔으로 영향을 미친다고 인식할 때 그것을 좋거나 나쁘다고 말한다."[113]

따라서 우리가 삶을 영위하는 방식은 각 개인마다 다르며 각자의 고유한 성격에 따라서도 다릅니다. 그러나 삶을 잘 영위하기 위해서는 모든 개인이 적절한 생각을 따라야 한다는 사실에는 변함이 없습니다. 부적절한 생각이나 상상력에 이끌리면 슬픈 정열을 추구하고 타인에게 폭력적이거나 비난받을 만한 행동을 할 수 있습니다. 스피노자가 "인간이 자신의 정열에 지배당하게 되면 그들은 서로 대립할 수 있다. [⋯] 인간은 이성의 인도에 따라 살아갈 때에만 항상 본성적으로 서로 조화를 이룰 수 있다."고 신중히 말한 것도 그 때문입니다.

이처럼 인간은 적절한 생각을 통해 자신의 욕망을 이끌 때에 기쁨을 얻고 다른 사람에게 유용한 존재가 될 수 있습니다. 아리스토텔레스와 에피쿠로스는 이미 정의로운 삶을 영위하는 데 없어서는 안 될 지적 덕목인 프로네시스, 즉 '올바른 이성'이라는 개념을 환기하며 이 점을 강조한 바 있습니다. 모든 인간이 슬픈 정열의 노예 상태에서 해방되어 이성에 의해 깨달음을 얻은 내면의 자유를 누리는 사회에서 산다면 법과 금지, 경찰이 필요 없을 것입니다. 하지만 우리가 정열의 노예가 되어 이성으로 욕망을 조절하면서 기쁨과 지혜로 성장할 수 없는 한, 사회생활을 위해 종교와 시민법이 유용한 역할을 할 것입니다.

조금 다른 방식으로 표현하자면, 정의롭고 선한 삶을 살기 위해 우리는 욕망을 의식적으로 살펴봐야 합니다. 나 자신과 타인을 위해 이 욕망을 충족하는 것이 옳을까? 우리는 욕망에 대해 이성적으로 살핌으로써 욕망을 의식한다고 생각합니다. 하지만 사실 우리는 종종 욕망을 사후에 합리화하며, 그 욕망의 힘에 의해 우리의 이성적 사고는 왜곡됩니다!

이 현상은 과학에서도 볼 수 있습니다. 연구자들은 자신이 기대하는 방향으로만 사실을 바라보고 무의식적으로 나머지는 무시하는 경우가 많습니다. 그러면 사실을 잘못 해석하게 됩니다. 이를 '가설 확증편향'이라고 합니다. 그만큼 우리가 원하는 것, 기대하는 것, 희망하는 것, 믿는 것에서 한 발짝 물러서는 것이 어렵다는 뜻입니다. 우리는 종종 거짓된 합리성을 알리바이로 삼아 잘못된 주장을 하며 자신의 욕망을 정당화하는 데 시간을 보냅니다.

자신의 욕망을 의식한다는 것은 진실에 대한 갈증이 크다는 것을 뜻합니다. 나의 욕망, 의견, 신념을 넘어 객관적으로 사실과 현실의 진실에 복종할 수 있는 것은 진실에 대한 강한 열망이 있기 때문입니다. 이것이 바로 진실이 표준이 되는 철학 행위의 기초입니다. 아리스토텔레스는 플라톤과 깊은 우정을 나눴지만 진리 탐구가 우정보다 우선한다고 믿었기 때문에 많은 부분에서 플라톤과 모순되는 입장을 취했습니다.

의식은 어디에서 오는 것일까요? 심오하고 까다로운 질문입니다. 유물론 철학의 입장에 있는 대부분의 과학자들은 의식이 우리의 뇌에서 생성되며 대뇌피질에 위치한다고 생각합니다. 그래서 피질의 발달 덕분에 우리는 이성적인 선택을 할 수 있고 원초적 뇌로부터 거리를 둘 수 있다고 말합니다. 물론 그렇습니다. 하지만 세바스티앙 볼레가 지적했듯이, 실제로 선조체의 명령을 따르는 것이 우리의 피질입니다.

"우리의 선조체는 원숭이나 쥐의 선조체와 동일하다. 우리가 이들 종과 구별되는 점은 피질을 집합적으로 사용한다는 점이다. 그런데 불행히도 이 피질은 선조체의 명령을 받는다. 이렇게 역할이 고르지 않게 분배되는 이유 중 하나는 우리 뇌의 연결 특성 때문이다. 이 특성은 '피질이 제안하고 선조체가 처리한다'는 간단한 원리로 요약할 수 있다. […] 거대한 피질은 호모 사피엔스에게 큰 힘을 부여했고 이 힘을 권력, 섹스, 음식, 게으름, 자아에 취한 난쟁이가 사용하도록 만들었다. 과잉 무장한 아이는 이제 거칠 것이 없게 되었다."[114]

플라톤, 아리스토텔레스, 스토아학파는 의식이 정신에서 나온다고 생각했으며, 그 정신을 노오스^{noos} 또는 로고스라고 불렀습니다. 그들은 또한 의식이 신과 연결되어 있으며 뇌에 고정되어 있지만, 뇌가 그것을 조정하는 것은 아니라고 확신했습니다. 따라서 의식의 기원에 대한 질문은 여전히 열려 있으며, 그 답이 무엇이든 여기서 우리가 관심을 갖는 것은 의식을 통해 욕망을 살펴야 한다는 점입니다.

철학의 긴급한 필요성

방금 언급했듯이 모든 것은 궁극적으로 진실을 얻고자 하는 욕망이라는 문제에 달려 있습니다. 이 욕망이 다른 욕망들보다 우월하다면, 우리는 올바르게 생각하면서 피질을 사용하여 선조체를 통제할 수 있을 것입니다.

어떤 사람에게는 진실에 대한 타고난 욕망이 있습니다. 개인적으로 저는 줄곧 이와 관련한 탐구를 해왔습니다. 10대 시절부터 철학에 깊이 빠졌고 진리에 대한 열정이 저를 떠나지 않았습니다. 저는 항상 기분 좋고 유쾌한 환상보다는 내 다른 욕망의 결을 거스르는 고통스러운 진실에 더 마음을 두었습니다. 그러나 이러한 욕망을 타고나지 않은 모든 사람들도 교육을 통해 키울 수 있다고 확신합니다.

그래서 저는 2014년부터 어린이와 청소년을 대상으로 한 철학 워크숍을 개발하는 데 참여했습니다. 이러한 워크숍은 젊은 이들이 비판적으로 사고하고 다른 사람의 말을 경청하는 능력과 진실에 대한 감각을 키울 수 있게 해줍니다. 저는 워크숍 중에 다른 아이의 주장을 듣고 마음을 바꾼 아이들이 저에게 "함께하면 더 좋은 생각이 나요."라고 말하는 것을 몇 번이나 보았습니다. 우리가 함께 더 나은 생각을 할 수 있다면, 그것은 우리가 모든 선입견과 편견을 넘어 진실이 무엇인지 함께 찾았기 때문입니다.

그런 이유로 저는 2016년에 프랑스재단의 후원을 받아 어린이와 함께하는 철학 워크숍의 리더를 양성할 목적으로 SEVE(Savoir être et vivre ensemble : 함께 지내며 사는 방법 알기) 협회를 공동 설립했으며, 프랑스 교육부와 협력관계를 맺었습니다. 현재 5천 명이 넘는 리더가 양성되었으며, 특히 트라페스와 같은 우선순위 지역과 교육 중심지에서 수십만 명의 어린이가 이미 이 워크숍을 경험했습니다.

"철학을 대중화하는 것이 시급하다!"고 디드로가 외친 바 있고, 몽테뉴는 철학을 통해 아이들이 "지식으로 꽉 찬 머리"가 아니라 "명석한 머리"를 가질 수 있다고 확신했습니다.

욕망과 민주주의

　기술이 우리 삶에서 지배적인 역할을 하게 되면서 잘 생각하는 능력이 매우 중요해졌습니다. 생태 위기와 관련하여 살펴본 바 있지만, 이는 민주주의의 존속을 위해서도 마찬가지로 중요합니다.

　소셜 네트워크는 10년도 채 되지 않아 세상을 뒤집어 놓았습니다. 2016년 도널드 트럼프는 소셜 네트워크를 집중적으로 사용하여 온갖 종류의 잘못된 정보를 퍼뜨린 덕을 보며 당선되었습니다. 그는 또 2020년 대선의 패배 결과를 비슷한 음모론을 활용하여 무효화하려고 시도했습니다. 그 탓에 트위터와 페이스북이 그의 계정을 삭제하기도 했고요.

　전 세계 대부분의 민주주의 국가에서 볼 수 있는 극단주의의 부상은 이러한 현상과 관련 있을 가능성이 매우 높습니다. 인구의 상당수가 더 이상 다양하고 반대되는 출처를 비교하여 정보를 얻지 않게 되었기 때문입니다. 오직 각 사용자의 취향과 욕구에 맞춰 정보를 전달하는 소셜 네트워크를 통해서만 정보를 얻고 있습니다. 시민들이 자신의 욕망과 신념을 강화하는 정보에만 귀를 기울이고 다른 사람들의 주장에는 더 이상 귀를 기울이지 않는다면 민주주의는 작동할 수 없습니다. 우리 주변의 현실에 대한 공통된 이해가 필요합니다. 그렇지 못하면 우리는 더 이상 하나의 국가에서 사는 것이 아닙니다.

그리고 이 문제는 진실에 대한 질문으로 되돌아갑니다. 우리 모두가 진실과 거짓을 진정으로 분별하려는 의지가 없다면 우리는 더는 함께 살 수 없게 될 것입니다. 모두가 진실 여부와 관계없이 자신의 관점과 욕망을 뒷받침하는 정보만을 찾게 됩니다. 그렇게 되면 민주적인 토론이 가능하지 않게 될 것입니다. 민주적인 토론이란 공동선을 위해 진실을 추구하려는 모든 사람의 선의와 욕망에 기초해야만 가능하니까요.

욕망은 '인간의 본질'이자 삶의 원동력입니다. 삶에 대한 만족은 그 욕망을 어떻게 가꾸고 이끌어 가느냐에 달려 있습니다. 우리 사회의 존속 역시 우리 욕망의 올바른 방향에 달려 있습니다. 사회가 양극화되지 않고 궁극적으로 생명에 대한 존중, 타인에 대한 배려, 진실의 추구를 통해 욕망을 올바른 방향으로 이끌 수 있습니다. 그러니 그 어느 때보다 우리의 의식으로 욕망을 살피는 것이 필요합니다. 이는 의심할 여지 없이 우리 시대의 가장 큰 과제입니다.

미주

1. 키케로Cicéron, 《투스클란 논쟁*Tusculanae disputationes*》, IV, trad. Jules Humbert, Les Belles Lettres, 1930.

2. 가스통 바슐라르Gaston Bachelard, 《불의 정신분석*Psychanalyse du feu*》, Gallimard, 1938(국역: 김병욱, 이학사, 2022).

3. 아리스토텔레스Aristote, 《영혼에 관하여*De l'âme*》(국역: 오지은, 아카넷, 2018), III, 9, trad. Richard Bodéüs, GF-Flammarion, 1999.

4. 바뤼흐 스피노자Baruch Spinoza, 《에티카*Ethique*》(국역: 황태연, 비홍, 2014), III, "Définitions des affections", I, GF-Flammarion, 1965.

5. 플라톤Platon, 《향연*Le Banquet*》, 200e, GF-Flammarion(국역: 오지은, 아카넷, 2018), 1964.

6. 아리스토텔레스Aristote, 《영혼에 관하여*De l'âme*》, II, 3 et III, 10, op. cit.

7. 플라톤Platon, 《향연*Le Banquet*》(국역: 오지은, 아카넷), 191d, op. cit.

8. 같은 책.

9. 같은 책.

10. 앙드레 꽁뜨-스퐁빌André Comte-Sponville, *Le Sexe ni la mort*, LGF, 2016.

11. 아르투어 쇼펜하우어Arthur Schopenhauer, 《의지와 표상으로서의 세계 *Le Monde comme volonté et comme représentation*, IV, 57, trad. A. Burdeau, PUF, 1966(국역: 홍성광, 을유문화사, 2019).

12. 조지 버나드 쇼George Bernard Shaw, 《인간과 초인*Man and Superman*》, 1903(국역: 이후지, 열린책들, 2013).

13. 임마누엘 칸트Emmanuel Kant, 《실천이성비판*Critique de la raison pratique*》, trad. F. Picavet, PUF, 1971(국역: 백종현, 아카넷, 2019).

14. 임마누엘 칸트Emmanuel Kant, 《윤리형이상학 정초*Fondements de la métaphysique des mœurs*》, II, trad. V. Delbos, Vrin, 1980(국역: 백종현, 아카넷, 2018).

15. 플라톤Platon, 211b-212b, op. cit.

16. 같은 책.

17. 앙리 베르그송Henri Bergson, *La Conscience et la Vie* [1911], PUF, "Quadrige", 2013.

18. 세바스티앙 볼레Sébastien Bohler, 《인간 버그*Le Bug humain*》, Robert Laffont, 2019.

19. 같은 책.

20. 같은 책.

21. 르네 지라르René Girard, *préface à Mark Anspach, Œdipe mimétique*, Editions de l'Herne, 2010.

22. 르네 지라르René Girard, 《낭만적 거짓과 소설적 진실*Mensonge romantique et vérité romanesque*》, in De la violence à la divinité, Bibliothéque Grasset, 2007(국역: 김치수·송의경, 한길사, 2001).

23. 마르셀 프루스트Marcel Proust, 《잃어버린 시간을 찾아서*A la recherche du temps perdu*》[1913](국역: 김희영, 민음사, 2012), 르네 지라르의《낭만적 거짓과 소설적 진실*Mensonge romantique et vérité romanesque*》에서

인용.

24. 르네 지라르René Girard, 《낭만적 거짓과 소설적 진실*Mensonge romantique et vérité romanesque*》

25. 같은 책.

26. 아리스토텔레스Aristote, 《수사학*Rhétorique*》, II, 9-11(국역: 《아리스토텔레스 수사학》, 박문재, 현대지성, 2020). 나는 이 주제에 관한 실뱅 마똥의 탁월한 다음의 글을 참조하였다. "Le premier péchédu monde", in L'Envie et le désir, dir. Pascale Hassoun-Lestienne, Autrement, "Morales", 1998.

27. 같은 책.

28. 바뤼흐 스피노자Baruch Spinoza, 《에티카*Ethique*》(국역: 황태연, 비홍, 2014), III, LV, "Corollaire", op. cit.

29. 토마스 아퀴나스Thomas d'Aquin, 《신학대전*Somme théologique*》 [1485](국역: 정의채, 바오로딸, 2003), 2a, 2ae, Q 36, art 1, conclusion.

30. 데이비드 흄David Hume, *Traité de la nature humaine* [1739](국역: 《인간이란 무엇인가》, 김성숙, 동서문화사, 2016) II, seconde partie, section 8.

31. 임마누엘 칸트Emmanuel Kant, 《윤리형이상학 정초*Fondements de la métaphysique des mœurs*》(국역: 백종현, 아카넷, 2018), op. cit.

32. 볼테르Voltaire, *Sept Discours en vers sur l'homme* [1738], 3e discours.

33. 제레미 리프킨Jeremy Rifkin, 《노동의 종말*La Fin du travail*》, La Decouverte, 2006(국역: 이영호, 민음사, 2005) ; 《인간 버그*Le Bug humain*》에서 세바스티앙 볼레Sébastien Bohler가 인용, op. cit.

34. 장 보드리야르Jean Baudrillard가 인용, 《소비의 사회*La Société de consommation*》, Denoël, 1970 ; Folio essais, 1986(국역: 이상률,

문예출판사, 2015)에서 인용.

35. 장 보드리야르Jean Baudrillard, 《소비의 사회*La Société de consommation*》 (국역: 이상률, 문예출판사, 2015), op. cit.

36. https://www.theverge.com/2017/12/11/16761016/former-facebook-exec-ripping-apart-society

37. 같은 글.

38. 세바스티앙 볼레Sébastien Bohler, 《인간 버그*Le Bug humain*》, op. cit.

39. 브뤼노 파티노Bruno Patino, 《금붕어 문명*La Civilisation du poisson rouge*》, Grasset, 2019.

40. 질 리포베츠키Gilles Lipovetsky, 《공허의 시대*L'Ere du vide*》, Folio essais, 1983(국역:《가벼움의 시대》, 이재형, 문예출판사, 2017).

41. 지그문트 프로이트Sigmund Freud, "Au-delà du principe de plaisir", in Essais de psychanalyse [1922], Payot, Petite bibliothéque, 2001.

42. 세르주 스톨레뤼Serge Stoléru, 《욕망이란 이름의 뇌*Un cerveau nommé désir*》, Odile Jacob, 2016.

43. 장 보드리야르Jean Baudrillard, *Les Stratégies fatales, Grasset*, "Figures", 1983.

44. 한병철Byung-Chul Han, 《욕망, 동일성의 지옥*Le Désir. L'enfer de l'identique*》, Autrement, "Les Grands Mots", 2015.

45. 아리스토텔레스Aristote, 《영혼에 관하여*De l'âme*》(국역: 오지은, 아카넷, 2018), II, 3 et III, 10, op. cit.

46. 이 문제에 관해서 Laetitia Monteils-Laeng의 탁월한 다음의 글 참조하라, "Aristote et l'invention du désir", in Archives de philosophie, no 76, 2013.

47. 아리스토텔레스Aristote, 《영혼에 관하여*De l'âme*》(국역: 오지은, 아카

넷, 2018), III, 9, op. cit.

48. 아리스토텔레스[Aristote], 《니코마코스 윤리학*Ethique à Nicomaque*》, I, 5, trad. J. Tricot, Vrin, 1979(국역: 천병희, 도서출판 숲, 2013).

49. 같은 책, X, 7.

50. 에피쿠로스[Epicure], *Sentences vaticanes*, 71.

51. 에피쿠로스[Epicure], "Fragment 469", in H. Usener, Epicurea, Leipzig, Teubner, 1887.

52. 에피쿠로스[Epicure], *Lettre à Ménécée*, 129.

53. 에피쿠로스[Epicure], *De la nature*, IV, v. 1073-1076.

54. 에픽테토스[Epictéte], *Manuel*.

55. 에픽테토스[Epictéte], *Entretiens*, IV, 1.

56. Walpola Rahula, L'Enseignement du Bouddha, Seuil, Points Sagesse, 2014.

57. 신명기[Deuteronome], 5, 6-21.

58. 세바스티앙 볼레[Sébastien Bohler], 《인간 버그*Le Bug humain*》, op. cit.

59. 1부의 7장을 참조하라.

60. 프랑스앵포[France Info] 홈페이지의 브누아 세르[Benoît Serre] 인터뷰.

61. 바뤼흐 스피노자[Baruch Spinoza], 《에티카*Ethique*》(국역: 황태연, 비홍, 2014), III, "Définitions des affections", I, op. cit.

62. 같은 책, III, 11, "Scolie".

63. 같은 책, IV, "Proposition 7".

64. 같은 책, V, "Proposition 42".

65. 프리드리히 니체[Friedrich Nietzsche], 《우상의 황혼*Le Crépuscule des idoles*》 [1889](국역: 박찬국, 아카넷, 2015), trad. Henri Albert, GF-Flammarion, 1985.

66. 프리드리히 니체[Friedrich Nietzsche], 《도덕의 계보*Généalogie de la*

morale》 [1887](국역: 박찬국, 아카넷, 2021), 5, in Œuvres, t. II, Robert Laffont, "Bouquins", 1993.

67. 프리드리히 니체[Friedrich Nietzsche], 《자라투스트라는 이렇게 말했다 *Ainsi parlait Zarathoustra*》(국역: 《차라투스트라는 이렇게 말했다》, 장희창, 민음사, 2004), "Prologue", 5, trad. Henri Albert.

68. 같은 책.

69. 프리드리히 니체[Friedrich Nietzsche], 《지식의 즐거움*Le Gai savoir*》, 341.

70. 프리드리히 니체[Friedrich Nietzsche], 《자라투스트라는 이렇게 말했다 *Ainsi parlait Zarathoustra*》(국역: 《차라투스트라는 이렇게 말했다》, 장희창, 민음사, 2004), "Le chant de la nuit".

71. 프리드리히 니체[Friedrich Nietzsche], *Deuxième Considération intempestive*, 7.

72. 프리드리히 니체[Friedrich Nietzsche], 《힘에의 의지*La Volonté de puissance*》(국역: 《권력에의 의지》, 이진우, 휴머니스트, 2023), I.

73. 프란시스 기발[Francis Guibal], "F. Nietzsche ou le désir du oui créateur", *Revue philosophique de Louvain*, 1984, no 53.

74. 프리드리히 니체[Friedrich Nietzsche], 《우상의 황혼*Le Crépuscule des idoles*》(국역: 박찬국, 아카넷, 2015), "Flâneries inactuelles", 8, op. cit.

75. 샤를 보들레르[Charles Baudelaire], "Le Spleen de Paris", Petits Poémes en prose [1869], Gallimard, 2013(국역: 《파리의 우울》, 황현산, 문학동네, 2015).

76. 프리드리히 니체[Friedrich Nietzsche], 《자라투스트라는 이렇게 말했다 *Ainsi parlait Zarathoustra*》, II(국역: 《차라투스트라는 이렇게 말했다》, 장희창, 민음사, 2004).

미주 **243**

77. 앙리 베르그송Henri Bergson, 《창조적 진화*L'Evolution créatrice*》, PUF, Quadrige, 1986(국역: 황수영, 아카넷, 2005).

78. 앙리 베르그송Henri Bergson, *Mélanges*, PUF, 1972.

79. 알베르 까뮈Albert Camus, 《시지프스 신화*Le Mythe de Sisyphe*》 [1942], Gallimard, 1990(국역: 오영민, 연암서가, 2014).

80. 칼 구스타프 융Carl Gustav Jung, 《인간과 상징*L'Homme et ses symboles*》, Robert Laffont, 1964(국역: 이윤기, 열린책들, 2009).

81. 이 표현은 리샤르 루브가 자신의 책 *Saving Our Children from Nature-Deficit Disorder*, Algonquin Books, 2005에서 처음 사용했다(국역: 《지금 우리는 자연으로 간다》, 류한원, 목수책방, 2016).

82. 아리스토텔레스Aristote, 《니코마코스 윤리학*Ethique à Nicomaque*》 (국역: 천병희, 도서출판 숲, 2013), X, 7, op. cit.

83. 프리드리히 니체Friedrich Nietzsche, 《힘에의 의지*La Volonté de puissance*》(국역: 《권력에의 의지》 이진우, 휴머니스트, 2023). Essai d'une transmutation de toutes les valeurs (Etudes et Fragments), 3e partie, 303, trad. Henri Albert.

84. 소피 샤사Sophie Chassat, *Elan vital. Antidote philosophique au vague a l'âme contemporain*, Calmann-Levy, 2021. 3부의 제목은 이 책에서 접한 아름다운 표현 "빛에서 살기vivre aux éclats"에서 차용했다.

85. 같은 책.

86. 같은 책.

87. 조르주 캉길렘Georges Canguilhem, 《정상적인 것과 병리적인 것*Le normal et le pathologique*》, in La Connaissance de la vie, Vrin, 1992(국역: 여인석, 그린비, 2018).

88. 같은 책.

89. 아리스토텔레스^{Aristote}, 《니코마코스 윤리학*Ethique à Nicomaque*》 (국역: 천병희, 도서출판 숲, 2013), VIII, 1, op. cit.

90. 같은 책, IX, 3, 20.

91. 같은 책, VIII, 9.

92. 요한의 첫째 편지, 4, 7-8 et 16.

93. 고린도전서, 13, 1-7.

94. 쥘리 클로츠^{Julie Klotz}, 《부부의 네 가지 약속*Les Quatre Accords du couple*》, Fayard, 2022.

95. 필립 도테^{Philippe Dautais}, 《에로스와 해방*Eros et liberté*》, Nouvelle clé, 2016.

96. 바뤼흐 스피노자^{Baruch Spinoza}, 《신학정치론*Traité théologico-politique*》, chapitre V, in Œuvres complètes, Gallimard, "Pléiade", 1955(국역: 황태연, 비홍, 2013).

97. 마태복음, 5,17.

98. 요한의 첫째 편지, 4, 8.

99. 요한복음, 15,12.

100. 요한복음, 4, 13-14.

101. 마태복음, 6,25-27. 이 문제에 관해서는 데니 마르께^{Denis Marquet}의 *Osez désirer tout, Flammarion*, 2018를 참조하라.

102. 필자가 마르끄 알레비와 한 인터뷰 내용.

103. 잘랄 앗딘 루미^{Djalâl ad-Dîn Rûmî}, Diwân.

104. 앙드레 파두^{André Padoux}, 《탄트리즘의 이해. 힌두교의 원천 *Comprendre le tantrisme. Les sources hindoues*》, Albin Michel, 2010.

105. 장자크 루소^{Jean-Jacques Rousseau}, *Julie ou La Nouvelle Héloïse* [1761], sixieme partie, lettre VIII.

106. 칼 구스타프 융Carl Gustav Jung, 《심리 치유*La Guérison psychologique*》, Librairie de l'Université Georg, 1953.

107. 세바스티앙 볼레Sébastien Bohler, 《의미는 어디에 있는가*Où est le sens*》, Robert Laffont, 2020.

108. 칼 구스타프 융Carl Gustav Jung, 《영혼과 생명*L'Ame et la vie*》, LGF, 1995.

109. 필립 도테Philippe Dautais, 《에로스와 해방*Eros et liberté*》, op. cit.

110. 에리히 프롬Erich Fromm, 《소유냐 존재냐*Avoir ou être. Un choix dont dépend l'avenir de l'homme*》, Robert Laffont, 1978(국역: 차경아, 까치, 2020).

111. 세바스티앙 볼레Sébastien Bohler, 《인간 버그*Le Bug humain*》, op. cit.

112. 바뤼흐 스피노자Baruch Spinoza, 《에티카*Ethique*》(국역: 황태연, 비홍, 2014), III, 9, "Scolie", op. cit.

113. 같은 책, IV, 8, "Démonstration".

114. 세바스티앙 볼레Sébastien Bohler, 《인간 버그*Le Bug humain*》, op. cit.

놓아버릴 것과 내가 진정으로 원하는 것을 일깨우는 철학자들의 통찰

욕망의 철학, 내 삶을 다시 채우다

1판 1쇄 발행 2024년 5월 29일

지은이 프레데릭 르누아르 **옮긴이** 전광철

펴낸이 전광철 **펴낸곳** 협동조합 착한책가게

주소 서울시 마포구 독막로 28길 10, 109동 상가 b101 - 957호

등록 제2015 - 000038호(2015년 1월 30일)

전화 02) 322 - 3238 **팩스** 02) 6499 - 8485

이메일 bonaliber@gmail.com

홈페이지 sogoodbook.com

ISBN 979 - 11 - 90400 - 51 - 0 (03190)